现代服务领域技能型人才培养模式创新规划教材

经济学基础

主　编　闫　彦　周登峰

主　审　张相斌

中国水利水电出版社
www.waterpub.com.cn

内 容 提 要

本教材注重突出教学内容的实用性、逻辑性和通俗性，试图以简明扼要且通俗易懂的方式向高职高专学生介绍经济学的基础知识。

为此，本教材首先区分了经济学语境中的市场经济与现实中的市场经济，介绍了经济学的整体架构及经济学的十大原理，在每个学习单元的学习导入中将单元学习内容与这些经济学原理关联起来，既让学生在入门阶段就清楚地了解经济学的整体架构及其基本思想，又使绪论教学真正起到提纲挈领的作用。为了使教学内容既贴近现实，又深入浅出，本书在编写过程中，尽量结合当前实际，用事例和直观的图表阐述经济学的理论和方法。除绪论部分外，全书共分 10 个学习单元，前 7 个单元是微观经济学部分，后 3 个单元是宏观经济学部分，每个学习单元都配有自测题和参考答案。

本书配有电子教案，读者可以从中国水利水电出版社和万水书苑网站免费下载，网址为：http://www.waterpub.com.cn/softdown/和 http://www.wsbookshow.com。

图书在版编目（CIP）数据

经济学基础 / 闫彦，周登峰主编. -- 北京 : 中国水利水电出版社，2011.7
现代服务领域技能型人才培养模式创新规划教材
ISBN 978-7-5084-8748-9

Ⅰ. ①经… Ⅱ. ①闫… ②周… Ⅲ. ①经济学—高等职业教育—教材 Ⅳ. ①F0

中国版本图书馆CIP数据核字(2011)第125951号

策划编辑：周益丹　　责任编辑：张玉玲　　加工编辑：周连波　　封面设计：李　佳

书　　名	现代服务领域技能型人才培养模式创新规划教材 **经济学基础**
作　　者	主　编　闫　彦　周登峰 主　审　张相斌
出版发行	中国水利水电出版社 （北京市海淀区玉渊潭南路 1 号 D 座　100038） 网址：www.waterpub.com.cn E-mail：mchannel@263.net（万水） sales@waterpub.com.cn 电话：（010）68367658（营销中心）、82562819（万水）
经　　售	全国各地新华书店和相关出版物销售网点
排　　版	北京万水电子信息有限公司
印　　刷	北京蓝空印刷厂
规　　格	184mm×260mm　16 开本　9.75 印张　240 千字
版　　次	2011 年 8 月第 1 版　2011 年 8 月第 1 次印刷
印　　数	0001—3000 册
定　　价	19.00 元

现代服务业技能人才培养培训模式研究与实践
课题组名单

顾　问：王文槿　　李燕泥　　王成荣

　　　　汤鑫华　　周金辉　　许　远

组　长：李维利　　邓恩远

副组长：郑锐洪　　闫　彦　　邓　凯

　　　　李作聚　　王文学　　王淑文

　　　　杜文洁　　陈彦许

秘书长：杨庆川

秘　书：杨　谷　　周益丹　　胡海家

　　　　陈　洁　　张志年

课题参与院校

北京财贸职业学院
北京城市学院
国家林业局管理干部学院
北京农业职业学院
北京青年政治学院
北京思德职业技能培训学校
北京现代职业技术学院
北京信息职业技术学院
福建对外经济贸易职业技术学院
泉州华光摄影艺术职业学院
广东纺织职业技术学院
广东工贸职业技术学院
广州铁路职业技术学院
桂林航天工业高等专科学校
柳州铁道职业技术学院
贵州轻工职业技术学院
贵州商业高等专科学校
河北公安警察职业学院
河北金融学院
河北软件职业技术学院
河北政法职业学院
中国地质大学长城学院
河南机电高等专科学校
开封大学
大庆职业学院
黑龙江信息技术职业学院
伊春职业学院
湖北城市建设职业技术学院
武汉电力职业技术学院
武汉软件工程职业学院
武汉商贸职业学院
武汉商业服务学院
武汉铁路职业技术学院
武汉职业技术学院
湖北职业技术学院
荆州职业技术学院
上海建桥学院
常州纺织服装职业技术学院
常州广播电视大学
常州机电职业技术学院
常州建东职业技术学院
常州轻工职业技术学院
常州信息职业技术学院
江海职业技术学院
金坛广播电视大学
南京化工职业技术学院
苏州工业园区职业技术学院
武进广播电视大学
辽宁城市建设职业技术学院
大连职业技术学院
大连工业大学职业技术学院
辽宁农业职业技术学院
沈阳师范大学工程技术学院
沈阳师范大学职业技术学院
沈阳航空航天大学
营口职业技术学院
青岛恒星职业技术学院
青岛职业技术学院
潍坊工商职业学院
山西省财政税务专科学校
陕西财经职业技术学院
陕西工业职业技术学院
天津滨海职业学院
天津城市职业学院
天津天狮学院
天津职业大学
浙江机电职业技术学院
鲁迅美术学院
宁波职业技术学院
浙江水利水电专科学校

实践先进课程理念　构建全新教材体系

——《现代服务领域技能型人才培养模式创新规划教材》

出版说明

“现代服务领域技能型人才培养模式创新规划教材”丛书是由中国高等职业技术教育研究会立项的《现代服务业技能人才培养培训模式研究与实践》课题①的研究成果。

进入新世纪以来，我国的职业教育、职业培训与社会经济的发展联系越来越紧密，职业教育与培训的课程的改革越来越为广大师生所关注。职业教育与职业培训的课程具有定向性、应用性、实践性、整体性、灵活性的突出特点。任何的职业教育培训课程开发实践都不外乎注重调动学生的学习动机，以职业活动为导向、以职业能力为本位。目前，职业教育领域的课程改革领域，呈现出指导思想多元化、课程结构模块化、职业技术前瞻化、国家干预加强化的特点。

现代服务类专业在高等职业院校普遍开设，招生数量和在校生人数占到高职学生总数的40%左右，以现代服务业的技能人才培养培训模式为题进行研究，对于探索打破学科系统化课程，参照国家职业技能标准的要求，建立职业能力系统化专业课程体系，推进高职院校课程改革、推进双证书制度建设有特殊的现实意义。因此，《现代服务业技能人才培养培训模式研究与实践》课题是一个具有宏观意义、沟通微观课程的中观研究，具有特殊的桥梁作用。该课题与人力资源和社会保障部的《技能人才职业导向式培训模式标准研究》课题②的《现代服务业技能人才培训模式研究》子课题并题研究。经过酝酿，于 2008 年底进行了课题研究队伍和开题准备，2009 年正式开题，研究历时 16 个月，于 2010 年 12 月形成了部分成果，具备结题条件。课题组通过高等职业技术教育研究会组织并依托 60 余所高等职业院校，按照现代服务业类型分组，选取市场营销、工商企业管理、电子商务、物流管理、文秘、艺术设计专业作为案例，进行技能人才培养培训模式研究，开展教学资源开发建设的试点工作。

《现代服务业技能人才培养培训方案及研究论文汇编》（以下简称《方案汇编》）、《现代服务领域技能型人才培养模式创新规划教材》（以下简称《规划教材》）既作为《现代服务业技能人才培养培训模式研究与实践》课题的研究成果和附件，也是人力资源和社会保障部部级课题《技能人才职业导向式培训模式标准研究》的研究成果和附件。

《方案汇编》收录了包括市场营销、工商企业管理、电子商务、物流管理、文秘（商务秘书方向、涉外秘书方向）、艺术设计（平面设计方向、三维动画方向）共 6 个专业 8 个方向的人才培养方案。

《规划教材》是依据《方案汇编》中的人才培养方案，紧密结合高等职业教育领域中现代服务业技能人才的现状和课程设置进行编写的，教材突出体现了“就业导向、校企合作、

---

① 课题来源：中国高等职业技术教育研究会，编号：GZYLX2009-201021

② 课题来源：人力资源和社会保障部职业技能鉴定中心，编号：LA2009-10

双证衔接、项目驱动”的特点，重视学生核心职业技能的培养，已经经过中国高等职业技术教育研究会有关专家审定，列入人力资源和社会保障部职业技能鉴定中心的《全国职业培训与技能鉴定用书目录》。

本课题在研究过程中得到了中国水利水电出版社的大力支持。本丛书的编审委员会由从事职业教育教学研究、职业培训研究、职业资格研究、职业教育教材出版等各方面专家和一线教师组成。上述领域的专家、学者均具有较强的理论造诣和实践经验，我们希望通过大家共同的努力来实践先进职教课程理念，构建全新职业教育教材体系，为我国的高等职业教育事业以及高技能人才培养工作尽自己一份力量。

丛书编审委员会

现代服务领域技能型人才培养模式创新规划教材

工商企业管理专业编委会

前 言

经济学是一门致用的学问。如何以学生为中心，合理选择与组织经济学的教学内容，以便更好地帮助学生掌握经济学的基本原理，学会利用这些原理来解释周围的经济现象，理解现实世界中的经济运行方式，了解政府经济政策的政策目标及其局限性，一直是经济学课程教学中面临的问题。根据高职高专教育的特点，本教材在编写过程中注重教学内容的选择和安排，努力突出教学内容的实用性、逻辑性和通俗性。考虑到绪论在教学中的重要性，本书努力让学生在入门阶段就清楚地了解经济学的整体架构及其基本思想，并使绪论教学贯穿于教学的全过程。为此，本教材首先对经济学语境中的市场经济与现实中的市场经济作了区分，阐述了经济学的十大原理；其次，在每个学习单元中设置了学习导入，并在学习导入中创建了学习内容与经济学十大原理的联系，努力使绪论起到提纲挈领的作用，以便激发学生的学习兴趣，引领整个教学过程。为了使教学内容既贴近现实，体现时代精神，又深入浅出，通俗易懂，本教材尽量结合当前实际，用现实的事例和直观的图表阐述经济学的理论和方法。

本书由闫彦、周登峰任主编，张相斌任主审。全书共分十一个学习单元，周登峰编写了前八个单元（微观经济学部分），内容包括经济学概述、供求与价格、弹性及其应用、效用及消费者行为、生产与成本、市场类型与企业决策、市场效率与经济平等、市场失灵与政府干预，闫彦编写了后三个单元（宏观经济学部分），内容包括国民收入与经济增长、通货膨胀与失业、宏观经济政策。

在编写过程中，参阅了许多国内外的相关教材和专著，在此向有关作者和译者致以谢意。由于编者水平有限，书中难免存在不足之处，恳请广大读者和专家批评指正，以便进一步提高和完善。

编 者

2011 年 4 月

目　录

学习任务1　经济学概述

我们经常提到“经济学”，也都觉得经济学有用，那什么是经济学？经济学的研究对象是什么？是如何进行研究的？有哪些主要结论？由于对这些问题的关注有助于我们了解经济学的全貌，把握经济学的实质，因此本学习单元旨在解答上述问题。

1.1　什么是经济学

1.1.1　经济学的研究对象和内容

经济学是一门研究人类经济行为和社会经济现象的社会科学。自从“经济学之父”亚当·斯密（Adam Smith）在其1776年出版的《国富论》中首次提出了全面系统的经济学说，建立了以自由放任为中心的经济学体系以来，市场经济制度下的资源配置和有效利用问题就成为了现代经济学研究的主要内容。

虽然经济学也常被称为西方经济学，但是现在越来越多的经济学家认识到，经济学的基本原理和分析方法是无地域和国别区分的。“西方经济学”并不是一门独立学科，只是我国在特定历史时期对源于西方发达国家，以研究市场经济中的经济行为和经济现象为核心内容的现代经济学说的一种称谓而已。

经济学的研究范围极广。人类物质资料的生产、分配、交换和消费等经济活动的制度安排，既定制度安排下经济的运行方式与规律以及各经济主体的经济行为等都是经济学的研究对象。随着商品经济的发展和社会分工的深化，人类经济活动的内容越来越丰富，专业化程度也越来越高，同时各种经济活动之间、经济活动与其他社会活动之间的联系也越来越紧密，从而导致了经济学的研究内容越来越广泛和深入，已经形成了一个门类和分支繁多的经济学学科体系。

经济学总体上可以分为理论经济学和应用经济学两大类。理论经济学主要论述经济学的基本概念、基本原理，以及经济运行和发展的一般规律，为各个经济学科提供基础理论。理论经济学大体上可分为微观经济学和宏观经济学，是本教材讲授的主要内容。应用经济学则主要是指应用理论经济学的基本原理研究国民经济各个部门、各个专业领域的经济活动和经济关系的规律性，或对非经济活动领域进行经济效益、社会效益的分析而建立起来的各个经济学科。如农业经济学、工业经济学、运输经济学等以国民经济个别部门的经济活动为研究对象的学科；城市经济学、农村经济学、区域经济学等以地区性经济活动为研究对象的学科；又如与人口学交叉的人口经济学，与教育学交叉的教育经济学，与法学交叉的经济法学等边缘经济学科。另外，财政学、货币学和银行学也都属于经济学的范畴。

1.1.2 微观经济学与宏观经济学

通常意义上的经济学往往是指理论经济学，理论经济学也称为一般经济理论，即微观经济学与宏观经济学。第二次世界大战后，以诺贝尔经济学奖获得者保罗·萨缪尔森为代表的经济学家，把马歇尔创立的微观理论和凯恩斯创立的宏观理论综合在一起，构成了现代经济学的思想体系。

萨缪尔森认为，经济学的精髓与独特贡献在于承认稀缺性的现实存在，并研究一个社会如何进行组织，以便有效地利用资源①。在资源稀缺以及人类有限的生产能力约束下，如何对资源的各种不同用途加以比较，通过一定的方式把有限的资源合理地分配到社会的各个领域中去，用最少的资源耗费生产出最适用的适量商品和劳务，以最适当的方式分配给不同的个人，以便尽可能更好地满足人们的多种需要，使稀缺的资源得到最佳的配置并获得最有效的利用，这是任何社会都无法回避的现实问题。

微观经济学主要研究市场经济条件下微观经济主体的决策行为及其对经济资源配置的影响，包括供求价格均衡理论、消费者行为理论，以及在不同市场类型下企业成本分析与产量、价格决定理论等。宏观经济学则以整个国民经济为视野，以经济活动总过程为对象，研究整个经济的运行方式与规律，从总量上考察和分析国民收入、物价水平等经济总量的决定和波动。

微观经济学要解决的是资源的合理配置与有效利用问题，即生产什么、生产多少、如何生产和为谁生产的问题，以实现个体效益的最大化。宏观经济学则把资源配置作为既定的前提，研究社会范围内的资源利用问题，以实现社会福利的最大化。市场出清、完全理性、充分信息是微观经济学的基本假设，认为通过“看不见的手”的自由调节能实现资源配置的最优化。宏观经济学以市场机制不完善为前提，认为政府有能力调节经济，通过“看得见的手”纠正市场机制的缺陷，解决资源的充分利用问题。微观经济学的研究成果为单个经济单位的决策服务，宏观经济学的研究成果则是为政府制定宏观经济政策服务的。

微观经济学与宏观经济学的区别不但在于研究的对象、内容和视角的不同，而且还在于研究方法的不同。微观经济学主要采用实证分析的研究方法，而宏观经济学则主要采用规范分析的研究方法。

1.2 市场、计划与资源配置

1.2.1 市场和市场经济

经济活动离不开市场，市场有狭义和广义之分。狭义的市场是指商品交换的场所，即有

① 萨缪尔森（Paul Samuelson）《经济学》第16版，P2，萧琛等译。

形市场；广义的市场包括有形市场和没有固定交易场所的无形市场，是商品交换关系的总和。市场主体、市场客体与市场机制是市场运行的三大要素。市场主体是指在市场上从事交易活动的组织和个人。市场主体既可以是法人或自然人，也可以是盈利性机构或非盈利性机构。通常情况下，市场主体包括企业、居民、政府和其他非盈利性机构。作为市场主体交易对象的商品或劳务称为市场客体，市场客体是指在市场交易中的对象物和媒介物，如生产要素、产品、商标权、专利权、著作权、知识产权以及作为这些交易对象价值表现的货币等都是市场客体。市场机制或价格机制是指通过市场价格和经济主体对利益的追求，从而实现资源配置的一套有机系统。市场机制有以下几个显著特征：

（1）市场机制的运行动力来自市场主体对自身利益的追求。

（2）经济活动决策由市场主体自主、分散地作出。

（3）市场机制对经济活动的调节和资源的配置是自发和自动地进行的。

（4）市场机制通过价格向微观经济主体传递信息。

市场经济通常是指市场机制对资源配置起基础性作用的一种经济体系。但是，经济学中所谓的市场经济却往往是指现实世界中并不存在的自由市场经济，即资源配置完全由价格机制所引导的经济体系，是一种没有政府干预或其他强迫力量而彻底自由放任的经济体制。

目前世界上没有一个国家彻底采用自由市场经济体制，经济上通常都存在着一定的政府干预，如最低工资、反托拉斯法、农业补贴、出口补贴、累进税制、社会福利政策和由关税和进口限额组成的贸易壁垒等。尽管如此，自由市场经济体制下的市场机制和最佳资源配置问题却是微观经济学讨论的主要内容。

1.2.2　资源及其常见的配置方式

资源也称为生产要素，是可用来生产满足人们需要的物品或劳务的社会经济活动中的人力、物力和财力的总和。资源可分为劳动、土地、资本和企业家才能。相对于人们无限的需要而言，作为社会经济发展基本物质条件的资源总是稀缺的。劳动是指在生产过程中，由人类自身所做出的贡献，是体力劳动和脑力劳动的总称。土地是指大自然赋予人类的一切有助于进行生产活动的自然条件，包括大自然提供的诸如矿藏、森林、陆地、海洋和河流等。对于渔民，他们的土地是海洋；对于山民，他们的土地是高山；对于牧民，他们的土地是草原；而对于企业，他们的土地则可能是企业的占地。资本则是一种由劳动和土地生产出来、再用于生产过程的生产要素，如厂房、机器、设备、道路、原料和存货等。企业家才能是指企业家特有的个人素质。

市场和计划是两种重要的资源配置方式。当以市场作为资源的配置方式时，愿意并且能够支付市场价格的人获得资源，市场经济通过市场机制配置资源。资源的计划配置方式是指计划部门根据社会需要和可能，以行政命令来统管资源和分配资源。计划体制在权责明晰和执行行为易被监控的组织中能够良好运行，但当监控范围过大以及当权者容易被欺骗时就会失效。我国改革开放前的一段时间里，计划是资源配置的主要方式。目前，计划体制仍广泛存在于政府部门和企业。

资源还可以通过如多数法则、竞赛、抽签、先到先得和个人特征等其他方式进行配置。资源配置就是把有限的资源在各种不同用途上加以比较作出选择。多数法则是根据大多数人的选择结果进行资源配置，当必须抑制个人利益以使资源得以有效利用时，多数法则往往能够发挥很好的作用。竞赛、先到先得和抽签也都是常见的非市场化的资源配置方式。竞赛将资源配置给优胜者，先到先得将资源配置给先行到达的人，抽签方式则往往在难以找到更合适的方法配置时出现。

1.2.3 现实中的市场经济

经济学语境中的“市场经济”和“计划经济”往往不同于通常所谓的市场经济和计划经济。通常所谓的“市场经济”是指市场机制在资源配置中起基础性作用的一种经济体制，“计划经济”则是指计划机制在资源配置中起基础性作用的一种经济体制。而经济学语境中的“市场经济”则是没有政府干预的彻底由市场机制进行资源配置的经济体制，“计划经济”就是政府对生产、资源分配以及产品消费都事先进行计划的彻底的计划经济体制。

如当我们说，目前许多国家的经济制度都是不同程度的市场经济与计划经济的混合体时，实际上是说许多国家的经济制度都是经济学意义上彻底的“市场经济”和“计划经济”的混合体。但是，当我们称市场经济和计划经济是当今世界上两种基本的经济制度时，这里所谓的“市场经济”和“计划经济”都是从在资源配置中起基础性作用的是市场机制还是计划机制这一角度来划分的，应该从通常意义上来理解。

为了度量市场机制在经济运行中的地位与政府对经济的干预程度，《华尔街日报》和美国传统基金会每年都会根据十大类指标对全球 100 多个国家和地区的经济自由度进行评价。根据评定后发布的《经济自由度指数》年度报告，香港连续十多年一直被评选为全球最自由的经济体系。2010 年《经济自由度指数》年度报告中排名靠前的经济体如表 1-1 所示。

表 1-1 2010 年“经济自由度”排名靠前的经济体

排名	1	2	3	4	5	6	7	8	9	10
经济体	香港	新加坡	澳大利亚	新西兰	爱尔兰	瑞士	加拿大	美国	丹麦	智利
得分	89.7	86.1	82.6	82.1	81.3	81.1	80.4	78	77.9	77.2

注：得分越高，说明经济自由度越高；反之，则经济自由度越低。

该项评定中的十大类评价指标分别是贸易政策、政府财政开支、政府对经济的干预、货币政策、资本流动和外国投资、银行业和金融业、工资和物价、产权、规制、非正规市场活动（黑市）。根据经济体的得分，该项评定还划分了 5 种自由度不同的经济体，它们分别是自由经济体（得分在 80～100）、较自由经济体（70 至低于 80）、中等自由经济体（60 至低于 70）、较不自由经济体（50 至低于 60）和受压制经济体（0 至低于 50）。在该报告中，中国位居第 132 位，得分为 53.2，被归入较不自由经济体。

1.3 经济学的研究方法

1.3.1 经济学的基本假设

任何理论都有假设条件，经济学也不例外，它是建立在一定假设条件下通过逻辑演绎的结果。了解经济学的基本假设是学习经济学的必要前提。在承认资源稀缺是一种现实存在的前提下，微观经济学有以下两个基本假设条件：

（1）理性人假设。

理性人假设也被称为经济人假设，理性人是指决策过程完全理性并且追求私利最大化的人。具体而言，经济活动中的决策主体行为理智，既不会感情用事，也不会盲从，而是精于判断和计算，自身经济利益的最优化是其唯一追求目标。

（2）完全信息假设。

完全信息假设是指经济活动中的所有市场主体在进行决策时总是能够在不支付任何成本的情况下获得全部的知识和信息。

在上述两个基本假设下，经济活动中具备完全信息和理性的市场主体就能够找到实现目标的所有备选方案，预见这些方案的实施后果，并依据某种价值标准选择最优方案。因此，经济学中经常出现的如消费者效用最大化、生产者在既定成本下的产出最大化或既定产量下的成本最小化等都与上述假设密切相关。

当然，在现实经济中，没有人是完全理性的，也没有人能够拥有与决策有关的全部知识与信息。尽管有些经济学家认为经济理论的基本假设不必受现实检验，但是上述假设也一直受到质疑，并不断地被修改和拓展。在经济学领域，现在已将有限理性、不完全信息和处理信息的费用引入经济分析，使经济学的假设更切合现实，所有这些方面的研究也正在进一步完善着经济学理论。

1.3.2 实证分析和规范分析

是否以一定的价值判断为依据是划分实证分析和规范分析的标准。无论是微观经济学还是宏观经济学，都可以采用实证分析法或规范分析法。采用实证分析法就称为实证经济学，采用规范分析法就称为规范经济学。因此，经济学按其研究方法可以分为实证经济学和规范经济学。

实证分析法企图超脱或排斥一切价值判断，只对经济现象、经济行为和经济活动及其发展趋势进行客观分析，研究经济本身的内在规律，并根据这些规律，分析和预测人们的经济行为及其结果。它要回答的是“是什么”的问题，而不对事物的好坏做出评价。如有关我国贫富差距的现状以及某些政策对贫富差距的影响等方面的考察都属于实证分析的范畴。

规范分析法是指以一定的价值判断为基础，先提出某些分析处理经济问题的标准，再研究如何才能符合这些标准，它要解决的是“应该是什么”的问题。如在研究我国当前的贫富差距是否合理时，是从一定的价值判断出发的，具有较强的主观性。

尽管实证经济学与规范经济学之间存在着差异，但二者之间不是绝对互斥的，规范分析往往要以实证分析为基础。如在研究是否应该采取相应的税收或社会保障政策缩小贫富差距时，政府自然希望了解相应的政策效果，即政府有必要弄清楚为什么要这么做以及这样做的后果是什么等问题。这里有关政策效果的分析是实证分析的内容，而有关为什么要实施相应政策措施方面的分析则属于规范分析的范畴。

一般说来，越是具体的问题，实证分析的成分越多；越是高层次的问题，则越具有规范性。规范分析要以实证分析为基础，实证经济学研究也离不开规范经济学的指导。

1.3.3 边际分析法与均衡分析法

1. 边际分析法

边际是“额外的”、“追加”一个单位的意思，既可以是已经追加的最后一个单位，也可以是可能追加的下一个单位。边际分析法是一种通过考察一个经济变量的微小变动对另一个经济变量的影响来分析经济变量之间的相互关系及变化过程的一种方法。边际分析法是微观经济学的基本研究方法之一，在经济学中常运用于对效用、成本、产量、收益、利润、消费、储蓄和投资等方面的分析。

在函数关系中，就是考察当自变量发生微量变动时所引起的因变量的增量。当自变量连续时，自变量的微量变动所引起的因变量的增量在数学上可用微分表示，而因变量的增量与自变量改变量的比值可用导数表示。

边际分析法的提出被认为是经济学分析方法上的一次革命。在经济学中，边际分析法的提出不仅为决策提供了一个有用的工具，而且还使数学方法在经济学中得到了广泛应用，并且这种数学工具的运用极大地推动了经济学的发展。

2. 均衡分析法

均衡即平衡，原是物理学中的一个概念。经济学中的均衡是指经济体系中各种力量处于平衡时的状态，即任何一个经济主体都不能通过改变自己的决策而获得更多利益的一种状态。均衡分析法就是研究如何达到均衡状态以及实现均衡的条件。

均衡分析法包括局部均衡分析法和一般均衡分析法。

局部均衡分析法是将经济事件分为若干部分，将某些部分存而不论，而集中考察其中的某一部分。即在假定其他条件不变的情况下，考察单一的商品市场达到均衡的状况和条件。如当一种商品的价格不受其他商品供求状况的影响而只取决于该商品本身的供求状况时，市场达到均衡的状况以及均衡的实现条件。

一般均衡分析法侧重于运用各种经济因素间的相互依存关系来分析整个经济体系的均衡，即在充分考虑所有经济变量之间关系的情况下，考察整个经济系统达到均衡状态时的状况和条件。一般均衡分析法不仅用于研究整个经济的价格和产量结构，而且还用于研究经济运动的其他方面，如实现福利最大化的资源配置、社会生产各部门间的投入一产出平衡分析等。

从一定意义上说，微观经济学研究微观经济行为主体的目的，都是为了揭示微观经济行为达到均衡的条件，比如消费者行为理论就是在给定消费者偏好、收入及商品价格的情况下，研究消费者购买行为达到平衡时的条件；生产者行为理论则是在给定生产要素价格和生产函数的情况下，研究生产者实现生产要素最佳组合（即生产要素购买行为达到平衡）的条件。

根据均衡分析法对时间因素的处理方式，可以将均衡分析法分为静态分析法、比较静态分析法和动态分析法。静态分析法是抽象掉了时间因素和变化过程而静止地分析问题的方法，主要致力于说明什么是均衡状态和均衡状态所要达到的条件，而不管达到均衡的过程和取得均衡所需要的时间。比较静态分析法只着眼于前后两个均衡状态的比较。动态分析法通过引入时间的因素来分析经济事件从前到后的变化和调整过程。

1.4 经济学十大原理

美国著名经济学家格里高利·曼昆（N.Gregory Mankiw）认为，虽然经济学的研究是多方面的，但是可以用几个中心思想把这个领域统一起来。曼昆在其《经济学原理》一书中将经济学中有关个人决策、交易以及整体经济运行方面的主要内容概括为十大原理。这些原理有助于我们全面了解经济学的主要研究内容。

1.4.1 有关个人作出决策的四个原理

原理一：人们面临权衡取舍

通常，为了得到我们喜爱的一件东西，就不得不放弃我们喜爱的另一件东西。作出决策就是要求我们在一个目标与另一个目标之间有所取舍。

曼昆将这一原理归纳为一句谚语——“天下没有免费的午餐”。由于权衡取舍隐含着这样一个事实:选择需要在相互竞争的利益之间进行权衡，即人们面临取舍时的选择总是在“得”与“失”的权衡中作出的，因此用“有得必有失”这句谚语来概括更为恰当。

事实上，该原理既适用于个人，也适用于社会。人们在个人资源配置（如时间投入）方面面临着权衡取舍，在消费选择（如何花费自己的收入）方面也是如此。社会也同样会面临各种不同的权衡取舍，典型的如“大炮与黄油”的权衡取舍。当我们把更多的钱用于国防（大炮）时，能用于提高国内生活水平的个人物品的消费（黄油）就少了。社会面临的另一种权衡取舍是效率与平等之间交替。效率是指社会能从稀缺资源中得到更多的东西，平等则是指这些资源的成果公平地分配给社会成员。换言之，效率关注怎样把经济蛋糕做大，而平等则涉及如何合理地分割蛋糕。效率与平等之间的权衡取舍意味着当政府想要更均等地分配蛋糕时，蛋糕就会变小；而当政府想要把蛋糕做大时，人们的收入差距就会扩大，产生不公平。也就是说，平等常以降低效率为代价，效率则常以牺牲平等为代价。

虽然认识到人们面临权衡取舍并不会告诉我们，人们将会或者应该作出怎样的决策，但是，人们只有了解面临的权衡取舍，才能作出良好的决策。

原理二：某种东西的成本是为了得到它所放弃的东西

人们面临着权衡取舍意味着选择总要在“得”与“失”之间进行权衡，决策的关键显然是要比较“得”大还是“失”大。许多情况下，决策的收益与成本都不是一目了然的，但是由于对成本的全面了解是正确作出决策的前提条件，因此对“机会成本”这一概念的理解就成为了正确决策的基础。当作出任何一项决策，例如是否上大学时，决策者通常会在上大学所放弃的东西的价值与上大学可能获取的收益之间进行权衡。一种东西的机会成本是为了得到这种东西所放弃的东西的价值。

原理三：理性人考虑边际量

只有当一种行动的边际收益大于边际成本时，一个理性决策者才会采取这项行动。在许多情况下，人们可以通过考虑边际量来作出最优决策。

原理四：人们会对激励作出反应

由于人们通过比较成本与收益作出决策，所以当成本或收益变动时，人们的行为也会改变。这就是说，人们会对激励作出反应。例如，当苹果的价格上升时，人们就决定多吃梨少吃苹果，因为购买苹果的成本高了。同时，苹果种植者决定投入更多人力多摘苹果，因为出售苹果的收益也高了。对公共政策的设计者而言，由于公共政策往往会改变人们行动的成本或收益，因此只有考虑到政策对人们行为的影响时，政策才容易收到期望的效果。

1.4.2 有关人们如何交易的原理

原理五：贸易能使每个人状况更好

两国间的贸易并不像体育比赛一样，一方赢而另一方输。实际上，事实正好相反：两国之间的贸易可以使每个国家的状况都变得更好。如同市场交易一样，贸易可以使每个国家从事自己最擅长的活动，人们可以按较低的价格买到各种各样的物品与劳务，能使大家都从中受益。

原理六：市场通常是组织经济活动的一种好方法

计划经济由政府指导和组织经济活动，政府决定生产什么、生产多少以及谁来生产和消费。现在大部分曾经是中央计划经济的国家已经放弃了这种制度，并努力发展市场经济。在市场经济中，中央计划者的决策被千百万企业、个人和家庭的决策所取代，企业决定雇佣谁和生产什么，个人决定为哪家企业工作，家庭决定自己要买什么，价格和个人利益的引导取代了政府对经济活动的指导。经济学家亚当• 斯密在其 1776 年的著作《国富论》中提出了经济学中最著名的结论：家庭和企业在市场上的交易仿佛被一只“看不见的手”所指引，最终会导致合意的市场结果。经济学家们普遍认为，市场经济在以一种促进普遍经济福利的方式组织经济活动方面非常成功。

原理七：政府有时可以改善市场结果

虽然市场通常是组织经济活动的一种好方法，但这个规律也有一些重要的例外。由于各种原因，有时看不见的手不起作用，不能有效地配置资源，经济学中用“市场失灵”这个词来指市场本身不能有效配置资源的情况。政府干预经济的原因有两类：促进效率和促进公平，即把经济蛋糕做大和改变蛋糕的分割。

1.4.3 有关整体经济运行的原理

原理八：一国的生活水平取决于它生产物品与劳务的能力

世界各国生活水平的差别非常惊人，同一国家在不同时期生活水平的差别也会非常大。高收入国家的公民比低收入国家的公民拥有更多电器、更多汽车、更好的营养、更好的医疗保健，以及更长的预期寿命。

如何解释各国及其在不同时期生活水平的巨大差别呢？几乎所有生活水平的变动都可以归因于各国生产率的差别，这就是一个工人一小时所生产的物品与劳务量的差别。在那些生产率高的国家，大多数人享有高生活水平；在那些生产率低的国家，大多数人必须忍受贫困的生活。

原理九：当政府发行了过多货币时，物价上升

1921 年 1 月，德国的一份日报价格为 0.3 马克，不到两年，1922 年 11 月，一份同样的报纸价格为 7000 万马克，生活中所有其他商品的价格都以类似的速度上升。这个事件是历史上最惊人的通货膨胀的例子。通货膨胀是经济中物价总水平的上升。

什么引起了通货膨胀？在大多数严重或持续的通货膨胀情况下，罪魁祸首总是相同的

——货币量的增长。当一个政府创造了大量本国货币时，货币的价值下降了。在 20 年代初的德国，当物价平均每月上升 3 倍时，货币量每月也增加了 3 倍。

原理十：社会面临通货膨胀与失业之间的短期权衡取舍

如果通货膨胀这么容易解释，为什么有时决策者却在使经济免受通货膨胀之苦的问题上遇到麻烦呢？原因是，人们通常认为降低通货膨胀会引起失业的增加。通货膨胀与失业之间的这种权衡取舍被称为菲利普斯曲线。根据普遍的解释，这种权衡取舍的产生是由于某些价格调整缓慢。

学习自测 1

一、判断题

指出 1～6 题中哪些表述属于规范经济学范畴，哪些属于实证经济学范畴？7～10 题中的表述是否正确。

1．限制污染的代价是值得的。（　）
2．对污染的限制导致了就业机会的减少。（　）
3．税收就应当是累进的。（　）
4．税收削弱了人们工作的积极性。（　）
5．低失业水平与高通货膨胀常相伴而行。（　）
6．通货膨胀的危害小于失业的危害。（　）
7．微观经济学的基本假设是市场失灵。（　）
8．宏观经济学研究的假设前提是理性人与完全信息。（　）
9．经济学上的理性人是做事合情合理的人。（　）
10．“人们的收入差距是小一点好”这一命题属于实证经济学问题。（　）

二、单选题

1．经济学研究的基本问题包括（　）。
A．生产什么，生产多少　　B．怎样生产
C．为谁生产　　D．以上全是

2．微观经济学的核心问题是（　）。
A．收入问题　　B．就业问题
C．价格问题　　D．消费问题

3．宏观经济学与微观经济学是（　）。
A．两种不同的经济学理论体系　　B．相互对立的
C．没有任何联系的　　D．相互补充、互为前提的

4．一种行为的机会成本（　）。
A．是为这种行为所花费的钱
B．是为这种行为所花费的时间的价值
C．当你不必为这种行为付钱时就等于零

D．与投入到这种行为中的全部资源的其他用途有关

三、简答题

1．经济学的理论体系是由哪两部分构成的？它们之间的关系怎样？

2．当前世界上有哪些不同的经济制度？它们分别采用什么方式解决资源的配置与利用问题？

3．经济学语境中的“市场经济”与我们通常所说的市场经济有什么区别？

4．市场价格机制主要有哪些特点？

5．试阐述你对“人们会对激励作出反应”这一经济学原理的理解。

学习任务2　供求与价格

为什么有些商品很贵，而有些商品却很便宜？为什么有些便宜的东西很有用，而有些很无用的东西却很贵？解读这些问题首先需要弄懂经济学中的一些基本概念和原理。需求、供给是微观经济学的出发点，本学习单元将介绍需求和供给的概念，说明市场经济中的需求和供给如何决定价格，以及价格又如何配置经济中的稀缺资源，为我们认识“市场通常是组织经济活动的一种好方法”这一经济学原理奠定基础。

2.1　需求

2.1.1　需求及其影响因素

需求是指一定时期内消费者在每一可能的价格水平上愿意并且能够购买的商品的数量。根据需求主体的不同，需求可分为个别需求和市场需求，市场需求是个别需求的总和。经济学中的需求不但关心消费者的购买意愿，而且还关心消费者的购买能力，两者缺一不可。

影响消费者需求的因素很多，主要有：

（1）消费者的收入。

一般来说，在其他条件不变的情况下，消费者的收入越高，对商品的需求越多。但随着人们收入水平的不断提高，消费需求结构会发生变化，即随着收入的提高，对有些商品的需求会增加，而对有些商品的需求会减少。经济学把需求数量的变动与消费者收入同方向变化的商品称为正常品，把需求数量的变动与消费者收入反方向变化的商品称为劣等品。

（2）消费者的偏好。

当消费者对某种商品的偏好程度增强时，对该商品的需求数量就会增加；相反，当偏好程度减弱时，需求数量就会减少。人们的偏好一般与所处的社会环境及当时当地的社会风俗习惯等因素有关。

（3）相关商品的价格。

当一种商品本身的价格不变，而与它相关的其他商品的价格发生变化时，这种商品的需求数量也会发生变化。一种商品的相关商品可以分为两类：替代品和互补品。所谓替代品是指由于有相似的功能而在消费中可以相互替代以满足消费者某种需求的商品，如牛肉和猪肉、苹果和梨子等；互补品则是必须相互结合才具有某种功能并满足消费者某种需求的商品，如牙膏和牙刷、汽车与汽油等。由于在消费上的可替代性与互补性，因此，一种商品的需求与它的替代品价格成同方向变化，与它的互补品的价格成反方向变化。换言之，替代品价格的提高（降低）将引起被考察商品需求的增加（减少），互补品价格的提高（降低）将引起该商品需求的减少（增加）。

替代品和互补品都是相互的，也可以根据一种商品价格变化对另一种商品需求的影响来确定商品之间的关系，并确定两者是替代品还是互补品。所以，我们常将一种商品价格上升引起另一种商品需求增加的这两种商品称为替代品，而将一种商品价格上升引起另一种商品需求减少的这两种商品称为互补品。

（4）消费者对商品价格的预期。

当消费者预期某种商品的价格在将来某一时期会上升时，就会增加目前的需求，当消费者预期某种商品的价格在将来某一时期会下降时，就会减少对该商品的现期需求。

此外，还有很多因素会影响商品的需求，如政府的消费政策、社会时尚和有关商品的质量事件等。由于市场需求是所有个别需求的总和，因此影响市场需求的因素至少还应包括人口的规模、分布和构成。

细致的科学观察表明，除商品自身的价格外，在影响需求的其他因素不变的情况下，商品的需求量随商品价格的上升而下降，随商品价格的下降而上升。这种相同条件下需求量与其价格反方向变化的现象常被称为需求规律或需求法则，也常称之为需求定律。无论是个别需求还是市场需求，需求规律同样成立。

2.1.2 需求表格、需求曲线与需求函数

需求量与价格之间的关系可以有三种不同的表示形式：表格、图形和函数。因需求曲线能最直观地反映需求量与价格之间的变动关系而被普遍使用。

1. 需求表格

如表 2-1 所示，这种通过表格形式将某种电脑显示器的不同价格与其在每一价格水平时所对应的在一定时间内的需求量联系起来的表格称为需求表。

表 2-1 某电脑显示器的市场需求表

价格、数量组合	A	B	C	D	E
价格（元/台）	2600	2400	2200	2000	1800
需求量（台）	1000	1200	1450	1750	2100

2. 需求曲线

需求曲线则是根据需求量随价格的变化情况而在平面上绘制（或拟合）而成的一条曲线，是商品价格与需求量之间关系的图形表示形式，该曲线反映了在其他影响需求的因素不变时，商品的价格变动对需求量的影响。依据某种电脑显示器的需求表绘制出该电脑显示器的需求曲线，如图 2-1 所示。

在以价格为纵轴，需求量为横轴的直角坐标系中，图 2-1 中的需求曲线始终向右下方倾斜，表明电脑显示器的需求量与其价格之间呈反方向变动关系，即遵循需求规律。

根据个别需求与市场需求的划分，反映某商品个别需求量随价格变化的曲线可称为个别需求曲线，而反映某商品总体需求量随价格变化情况的曲线可称为市场需求曲线，两者都是

一条向右下方倾斜的曲线或直线。

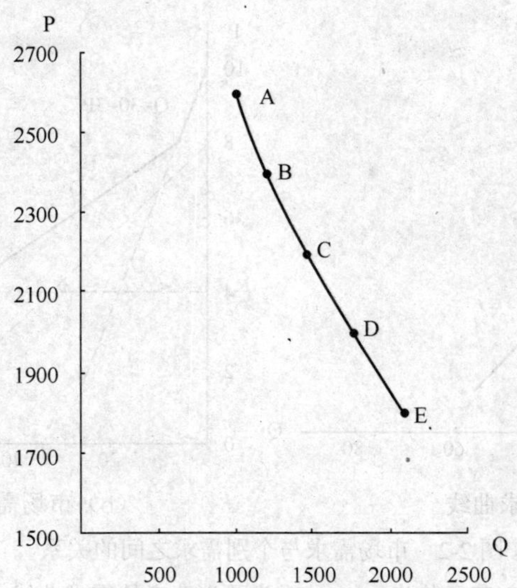

图 2-1　某电脑显示器需求曲线图

图中横轴 Q 表示数量（台），纵轴 P 表示价格（元/台）。

A、B、C、D、E 表示电脑显示器价格与数量的不同组合。

需求规律可以用因价格变化而引起的收入效应和替代效应来解释。收入效应是指商品价格下降（上升）会相对提高（降低）消费者的收入水平，增强（减弱）其购买能力，从而使该商品的需求量增加（减少）；替代效应则是指当某商品价格上升（下降）而其他同类商品价格不变时，消费者会减少（增加）该商品的购买量而增加（减少）其他同类商品的购买量。

如当可乐价格下降而其他饮料价格保持不变时，人们会减少雪碧等其他饮料的消费而消费更多的可乐；当可口可乐价格下降而百事可乐价格不变时，人们会减少百事可乐的消费而消费更多的可口可乐。

3. 需求函数

若用 a，b，c，…代表影响需求的诸因素，并将这些影响需求的各种因素作为自变量，则需求量 Q_d 就可表示为函数形式，即有：

$$Q_d = f(a, b, c, \cdots)$$

若 P 表示商品价格，在影响需求的其他因素不变的情况下，需求量与价格的关系可以简记为：

$$Q_d = f(P)$$

值得注意的是，微观经济学在论述需求函数时，一般都假定商品的价格和相应的需求量之间的变化具有无限可分性，正因为如此，需求曲线才能成为一条光滑的连续的曲线。为简明起见，微观经济分析中经常使用线性需求函数。线性需求函数的形式通常可以表示为：

$$Q_d = \alpha - \beta \cdot P$$

其中 α、β 都是大于零的常数。

若某地市场上某种商品只有两个消费者，他们都有各自的需求曲线或需求函数，则市场需求与个别需求之间的关系如图 2-2 所示。

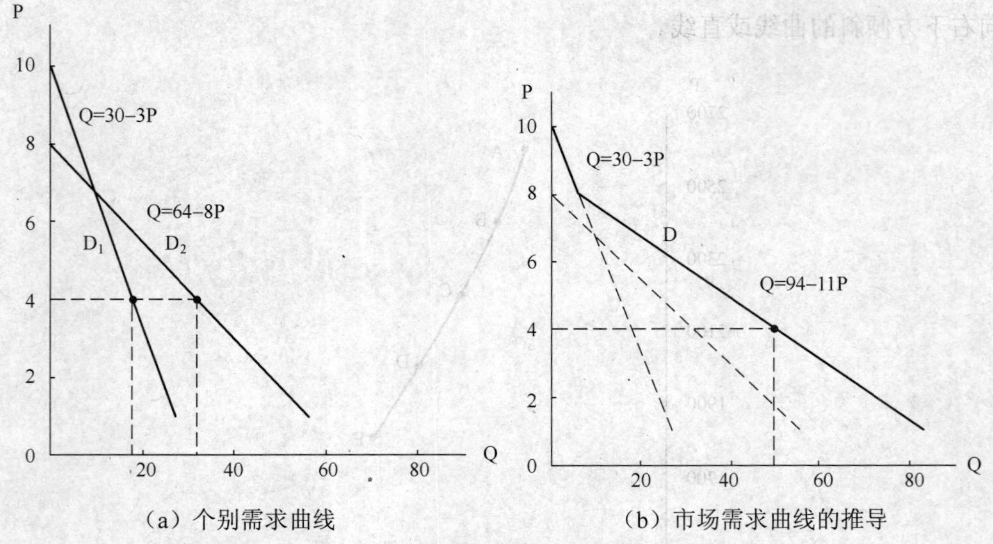

（a）个别需求曲线　　　　（b）市场需求曲线的推导

图 2-2　市场需求与个别需求之间的关系

图中横轴 Q 表示数量，纵轴 P 表示价格。D_1、D_2 为两消费者的需求曲线，D 为市场需求曲线。由于任一价格下的市场需求量是市场上所有个别需求量的总和，因此，根据（a）中在需求曲线旁标注的需求函数可得出两消费者在价格为 4 时的需求量分别为 18 和 32，此时的市场总需求自然是两者之和 50。因此，在 P≥8 时的市场需求函数为 Q=94-11P。

2.1.3　需求量与需求的变动

在其他因素不变的情况下，需求曲线反映了不同的价格水平上“需求量的变化”。换言之，需求曲线刻画的是仅有自身价格变动时“需求量的变化”，而其他因素的变化使得在相同价格水平上需求量有所不同，这便是“需求的变化”，它导致了需求曲线的移动。

要了解需求曲线的移动，必须区分需求量的变动和需求的变动这两个概念。

需求量的变动是指在其他条件不变时，由某商品的价格变动所引起的该商品不同价格水平上需求数量的变动。在几何图形中，需求量的变动表现为商品的价格与需求数量组合点沿着同一条既定的需求曲线的运动。如图 2-3（a）所示，在同一条需求曲线上从 A 点至 B 点的变动就是需求量的变动。

需求的变动则是指在某商品价格不变的条件下，由于其他因素变动所引起的该商品的需求数量的变动。这里的其他因素是指消费者收入水平、相关商品的价格、消费者偏好和消费者对商品的价格预期等影响消费者需求的因素。在几何图形中，需求的变动表现为需求曲线位置的移动，如图 2-3（b）所示。

图 2-3（b）中原有的需求曲线为 D_0，在商品价格不变的前提下，如果其他因素的变化使得需求增加，则需求曲线 D_0 向右平移，如向右平移到曲线 D_1 的位置，如果其他因素的变化使得需求减少，则需求曲线向左平移，如向左平移到曲线 D_2 的位置。由需求变动所引起的这种需求曲线位置的移动，表示在每一既定的价格水平上，需求数量都增加或都减少了。例如，在既定的价格水平 P_0，原来的需求数量对应了需求曲线 D_0 上的 Q_0，需求增加后的需求数量为需求曲线 D_1 上的 Q_1，需求减少后的需求数量为需求曲线 D_2 上的 Q_2，并且这种在原有价格水平上所发生的需求增加量和需求减少量都是由其他因素的变动所引起的。简言之，需求变

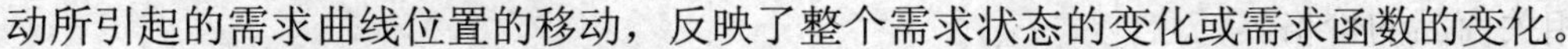

动所引起的需求曲线位置的移动，反映了整个需求状态的变化或需求函数的变化。

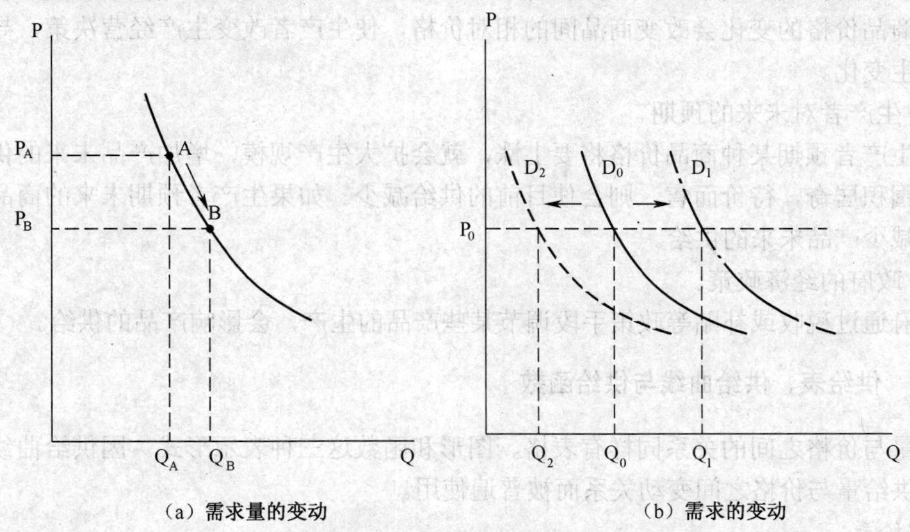

图 2-3　需求量的变动与需求的变动

图中横轴 Q 表示数量，纵轴 P 表示商品价格。

区分需求量的变动与需求的变动的要点是，前者表现为点在需求曲线上的移动，而后者表现为需求曲线的平移。以降低卷烟需求为例，若提高卷烟价格，就会使人们对卷烟的需求沿着需求曲线移动，是降低卷烟需求量的一种途径，若政府采取诸如在烟盒上标示吸烟有害健康的警示、禁止卷烟的电视广告以及禁止向未成年人销售卷烟等措施，这些政策措施就会使卷烟的需求曲线向左移动，导致不同价格水平上卷烟需求量的普遍下降。

2.2　供给

2.2.1　供给及其影响因素

供给是指一定时期内生产者在每一可能的价格水平上愿意并且能够生产和销售的商品数量。根据供给主体的不同，供给可分为个别供给和市场供给，市场供给是个别供给的总和。经济学中的供给不但关心生产者的生产和销售意愿，而且还关心生产者的提供能力，两者缺一不可。

常识和科学观察表明，除商品自身的价格外，在影响供给的其他因素不变的情况下，商品的供给量随商品价格的上升而增加，随商品价格的下降而减少。这种相同条件下商品的供给量与其价格之间同向变化的现象常被称为供给规律或供给法则。影响商品供给的其他因素主要有：

（1）生产成本。

在商品自身价格不变的条件下，生产成本上升会减少利润，从而生产者会减少生产，导致商品的供给量减少。相反，生产成本的下降会增加企业利润，从而促使生产者增加生产，导致商品供给的增加。

（2）生产技术和管理水平。

生产技术和管理水平的提高会提高生产效率，降低生产成本，增加生产者的利润，从而导致商品供给量的增加。

（3）相关商品的价格。

其他商品价格的变化会改变商品间的相对价格，使生产者改变生产经营决策，导致该商品供给发生变化。

（4）生产者对未来的预期。

如果生产者预期某种商品价格将要上涨，就会扩大生产规模，增加产品未来的供给，如果生产者囤积居奇，待价而售，则会使目前的供给减少。如果生产者预期未来的商品价格会下降，会减少产品未来的供给。

（5）政府的经济政策。

如政府通过税收或补贴等政策手段调节某些产品的生产，会影响产品的供给。

2.2.2 供给表、供给曲线与供给函数

供给量与价格之间的关系同样有表格、图形和函数这三种表示形式。因供给曲线能最直观地反映供给量与价格之间变动关系而被普遍使用。

1. 供给表

把某种商品每一可能价格下与之相对应的供给量排列起来，可以得到一张有关供给量与价格之间的关系表。这种表示供给量和商品价格之间关系的表格就是供给表。表 2-2 表示一定时间内某种电脑显示器的市场供给情况。

表 2-2 某种电脑显示器市场供给表

价格、数量组合	A	B	C	D	E
价格（元/千克）	2600	2400	2200	2000	1800
供给量（千克）	2000	1700	1450	1200	1000

2. 供给曲线

供给曲线是在坐标系中描绘的商品的供给量与商品价格相互对应关系的曲线。若以横坐标表示供给量，纵坐标表示价格，根据表 2-2 可以绘制如图 2-4 所示的供给曲线。通常情况下，供给曲线呈现出向右上方倾斜的特征。

3. 供给函数

供给规律表明，在其他条件不变的情况下，供给量只与商品价格有关。如果把商品的价格 P 作为自变量，供给量 Q_s 作为因变量，则可用函数关系表示商品价格和供给量的关系，这种函数就是供给函数，可表示为：

$$Q_s = f(P)$$

在这种函数形式中，只有商品价格是影响供给量的因素，其他影响供给量的因素被假定不变。事实上，除价格外，还有许多因素会影响商品的供给。如用 a，b，c，…代表影响供给的诸因素，则供给函数可表示为：

$$Q_s = f(a,b,c,\cdots)$$

供给函数可以是线性的，也可以是非线性的，但常用线性的供给函数的一般形式为：

$$Q_s = -\delta + r \cdot P$$

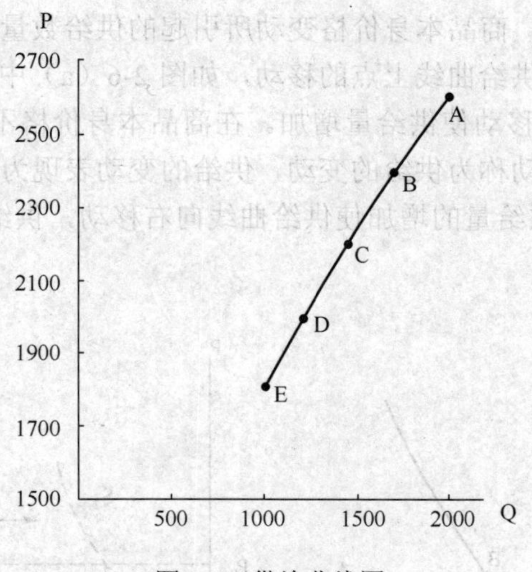

图 2-4　供给曲线图

图中横轴 Q 表示数量（台），纵轴 P 表示商品价格（元/台）。A、B、C、D、E 表示电脑价格与数量的不同组合。

式中，$-\delta$ 表示供给曲线的延长线在横坐标上的截距，即价格为零时的供给量，它意味着能使生产者提供产量的价格必定满足 $P > \frac{\delta}{r}$，r 表示供给曲线相对于价格轴的斜率。

若某地市场上某种商品只有两个生产者，他们都有各自的供给曲线或供给函数，则市场供给与个别供给之间的关系如图 2-5 所示。

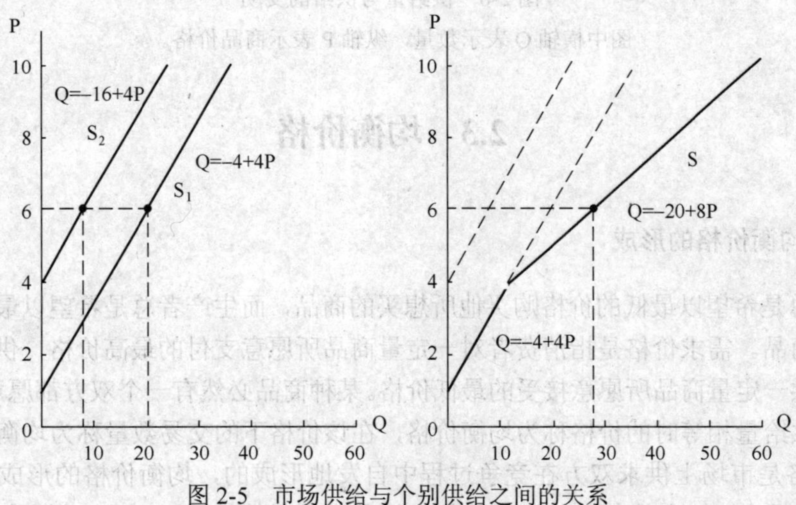

图 2-5　市场供给与个别供给之间的关系

图中横轴 Q 表示数量，纵轴 P 表示价格。S_1、S_2 为两生产者的供给曲线，S 为市场供给曲线。由于任一价格下的市场供给是市场上所有个别供给的总和，因此，根据在供给曲线旁标注的供给函数可得两生产者在价格为 6 时的供给量分别为 8 和 20，此时的市场总供给自然是两者之和 28，因此，在 P≥8 时的市场供给函数为 Q=–20+8P。

2.2.3　供给量与供给的变动

如同区分需求量的变动与需求的变动一样，我们也要区分供给量的变动与供给的变动。

在其他因素不变的条件下，商品本身价格变动所引起的供给数量的变动称为供给量的变动。供给量的变动表现为同一供给曲线上点的移动，如图 2-6（a）中从点 A 至点 B 的变动，供给曲线上这种向右上方的移动使供给量增加。在商品本身价格不变的条件下，由其他因素变动所引起的供给量的变动称为供给的变动，供给的变动表现为供给曲线的移动，如图 2-6（b）所示，同一价格下供给量的增加使供给曲线向右移动，供给量的减少使供给曲线向左移动。

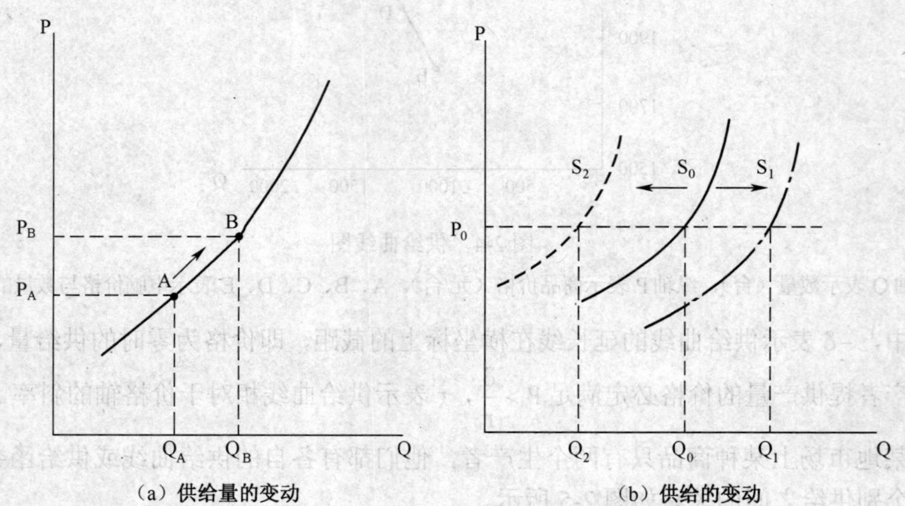

图 2-6　供给量与供给的变动

图中横轴 Q 表示数量，纵轴 P 表示商品价格。

2.3　均衡价格

2.3.1　均衡价格的形成

消费者总是希望以最低的价格购买他所想买的商品，而生产者总是希望以最高的价格销售他所想卖的商品。需求价格是指消费者对一定量商品所愿意支付的最高价格，供给价格则是指生产者为提供一定量商品所愿意接受的最低价格。某种商品必然有一个双方都愿意接受的价格，当需求量与供给量相等时的价格称为均衡价格，在该价格下的交易数量称为均衡数量。

均衡价格是市场上供求双方在竞争过程中自发地形成的，均衡价格的形成也就是价格的决定过程。根据表 2-3 中某种电脑显示器的市场需求与供给情况，可以绘制出如图 2-7 所示的需求曲线 D 与供给曲线 S。

表 2-3　某种电脑显示器的需求与供给情况表

价格（元/台）	2600	2400	2200	2000	1800
需求量（台）	1000	1200	1450	1750	2100
供给量（台）	2000	1700	1450	1200	1000

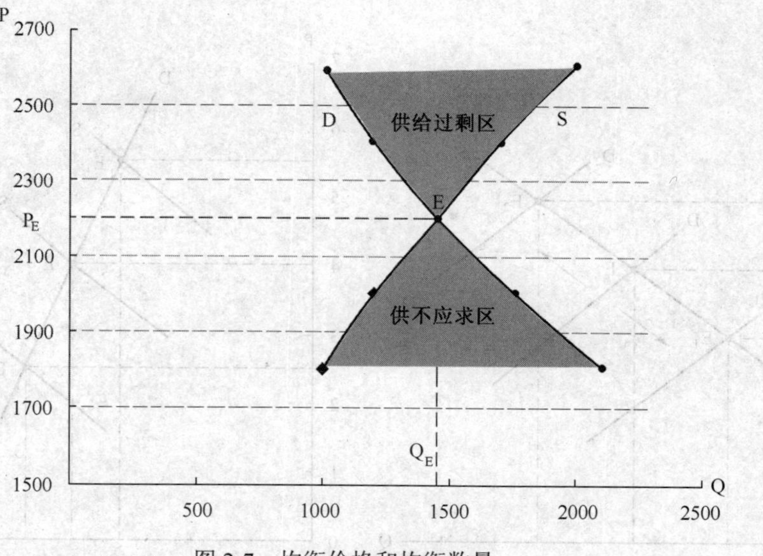

图 2-7 均衡价格和均衡数量

图中横轴 Q 表示数量（台），纵轴 P 表示价格（元/台）。需求曲线与供给曲线相交于 E 点，该点处的价格 P_E 使买卖双方的计划得以平衡，均衡点 E 处的均衡价格 P_E 和均衡数量 Q_E 分别为 2200 元与 1450 台。

均衡价格有时也被称为市场出清价格。由于受需求规律和供给规律的作用，当市场价格高于均衡价格时，供给量就会超过需求量，而当市场价格低于均衡价格时，需求量就会超过供给量。因此，从图中几何上看，均衡点以上需求曲线与供给曲线所夹区域为供给过剩区，而均衡点以下需求曲线与供给曲线所夹区域为供不应求区域。

在竞争市场上，商品的需求与供给共同决定了价格，同时价格又能自动地影响供给与需求，消除商品的短缺和过剩，使市场趋于均衡。价格的这种调节功能称为价格机制或市场机制。

2.3.2 均衡价格的变动

由于一种商品的均衡价格是由该商品的市场需求曲线和市场供给曲线的交点所决定的，因此，需求曲线或供给曲线位置的移动都会使均衡发生变动，也就是说需求或供给的变动将导致均衡的变动。

如图 2-8 所示，若某商品的需求曲线为 D，供给曲线为 S，均衡价格为 4，均衡数量为 100，下面用图形来说明需求和供给变动对均衡的影响。

考察需求变动对均衡的影响，首先要明确需求的变动是指除价格以外的其他因素变化引起的需求变化，如相关物品的价格、收入的变化、预期的变化等。当这些因素发生变化影响到需求时，需求减少意味着同一价格水平上需求量的减少，而需求增加则意味着同一价格水平上需求量的增加。因此，需求减少会导致需求曲线向左下方移动，而需求增加则会导致需求曲线向右上方移动。如图 2-8（a）所示，当需求减少时，需求曲线向左下方移动，即由 D 移动至 D_1，D_1 与 S 相交于 E_1，决定了新的均衡价格为 3，均衡数量为 50。与原均衡相比，需求的减少引起了均衡价格的下降和均衡数量的减少。当需求增加时，需求曲线由 D 向右上方移动至 D_2，D_2 与 S 相交于 E_2，决定了新的均衡价格为 5，均衡数量为 150。与原均衡相比，需求的增加导致了均衡价格的上升和均衡数量的增加。

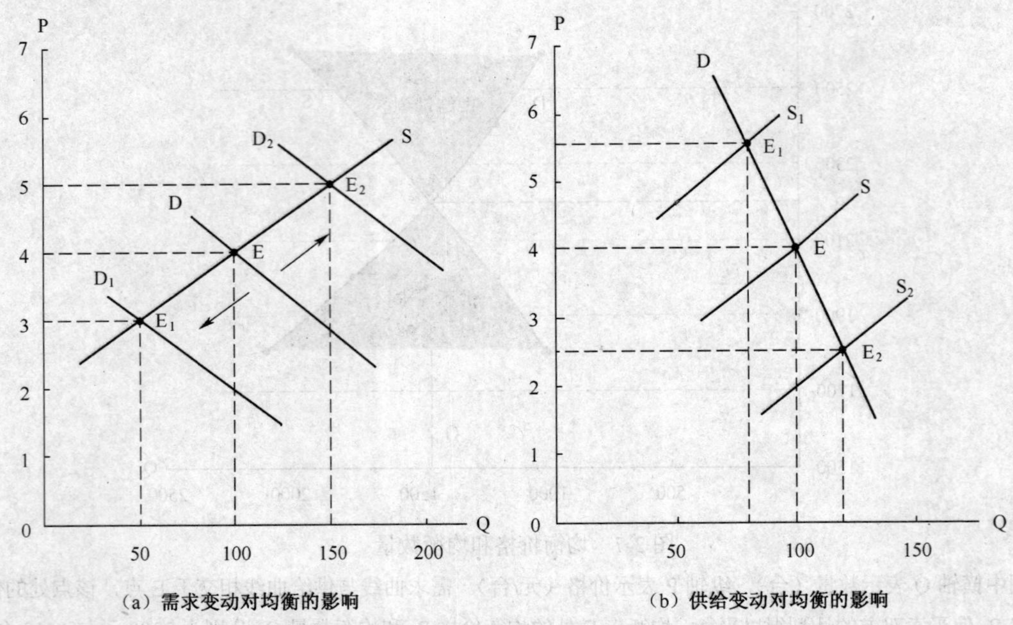

图 2-8　需求和供给变动对其均衡的影响

图中横轴 Q 表示数量，纵轴 P 表示价格。需求曲线和供给曲线既可以是直线型，也可以是曲线型的，为方便起见，我们常使用直线型的需求曲线和供给曲线。

同理，供给的变动是指除价格以外的其他因素引起的供给变化，如相关物品的价格、生产成本的变化、自然条件的变化等。当这些因素的变动影响到供给时，所谓供给减少是指同一价格水平上的供给量减少了，供给增加则是指同一价格水平上的供给量增加了。因此，供给减少会导致供给曲线向左上方移动，而供给增加则会导致供给曲线向右下方移动。如图 2-8（b）所示，当供给减少时，供给曲线向左上方移动，即由 S 移动至 S_1，S_1 与 D 相交于 E_1，决定了新的均衡价格为 5.5，均衡数量为 80。与原均衡相比，供给减少引起了均衡价格的上升和均衡数量的减少。当供给增加时，供给曲线向右下方移动，供给曲线由 S 移动至 S_2，S_2 与 D 相交于 E_2，决定了新的均衡价格为 2.5，均衡数量为 120。与原均衡相比，供给增加导致了均衡价格的下降和均衡数量的增加。

上述有关需求与供给变动对均衡的影响分析结果可以归纳如下：需求的增加会引起均衡价格的上升和均衡数量的增加，需求的减少会引起均衡价格的下降和均衡数量的减少；供给的增加会引起均衡价格的下降和均衡数量的增加，供给的减少则会引起均衡价格的上升和均衡数量的减少。

简言之，在其他条件不变的情况下，需求变动会引起均衡价格与均衡数量的同向变动，而供给变动只会引起均衡数量的同向变动，引起均衡价格的反向变动。这种需求和供给的变动对均衡价格与均衡数量的影响称为供求定理。

2.4　限制价格和支持价格

在现实中，政府会对经济进行干预，手段和形式多种多样，限制价格和支持价格是常见的最直接的价格控制方式，这里我们用供求工具分析政府的这种价格政策。

2.4.1 限制价格

限制价格是指政府为了避免因市场自发形成的均衡价格太高而损害消费者的利益所规定的最高价格，也称为最高限价。比如某些生活必需品严重短缺时，价格的大幅度提高会使低收入水平的家庭难以维持最低的生活水平，不利于社会稳定，政府常通过制定限制价格政策来抑制价格上涨，维护社会安定。

如图 2-9 所示，某商品由供求关系所决定的均衡价格为 P_0，均衡数量为 Q_0，低于市场均衡价格的限制价格为 P_1。由于 $P_1<P_0$，因此，限制价格下商品的实际供给量 Q_S 小于实际需求量 Q_D，供给量小于需求量，商品供不应求。为了维持限制价格，政府就要实行配给制。

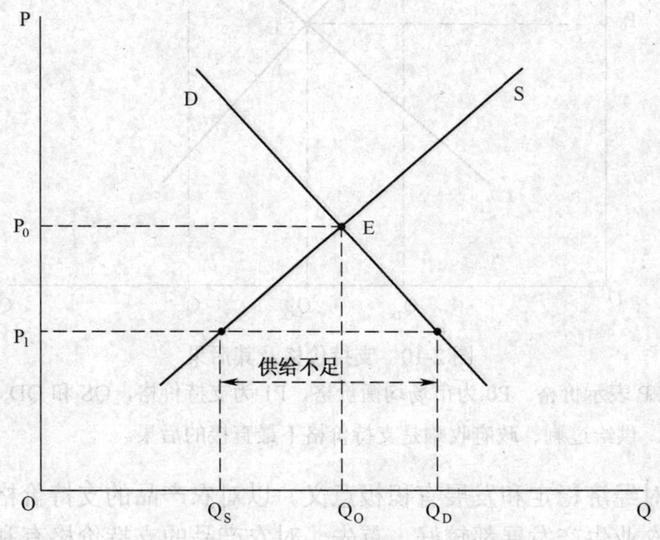

图 2-9　限制价格及其后果

图中横轴 Q 表示数量，纵轴 P 表示价格。P0 为市场均衡价格，P1 为限制价格，QS 和 QD 分别为限制价格下的供给量和需求量。商品短缺、配给制是限制价格下最直接的后果。

限制价格的目的一般是为了维护社会安定，实现社会平等，但是这种政策会导致供给不足，物品短缺，长期采用限制价格政策会产生严重的不利后果，一般只在战争或自然灾害等特殊时期使用。限制价格的不利影响主要表现在以下几方面：首先，限制价格降低了供给者的福利水平，影响了生产者增加供给的积极性，供不应求的局面不但很难改变，而且还会导致商品的长期短缺；其次，较低的价格水平不利于抑制需求，从而会在资源缺乏的同时又造成严重的浪费；再次，为了维持限制价格，政府就要实行配给制，配给制容易产生寻租活动、黑市交易和行政腐败。因此，如果政府只是规定最高价格，而不进行深层次的干预，那么长期实行这种最高限价不仅无法实现公平，相反会加剧不公平和短缺。

2.4.2 支持价格

支持价格是政府为了避免因市场自发形成的均衡价格太低而损害生产者的利益所规定的

最低价格，又称最低限价。支持价格常用于扶持某一行业的发展而被政府采用。

如图 2-10 所示，某商品由供求关系所决定的均衡价格为 P_0，均衡数量为 Q_0，政府为了扶植该行业的发展而制定的支持价格为 P_1。由于 $P_1>P_0$，因此，供给量 Q_S 必然大于需求量 Q_D，产品出现过剩。为了维持支持价格，防止价格下跌，政府就要收购剩余产品，因而支持价格政策的实施增加了政府财政支出。

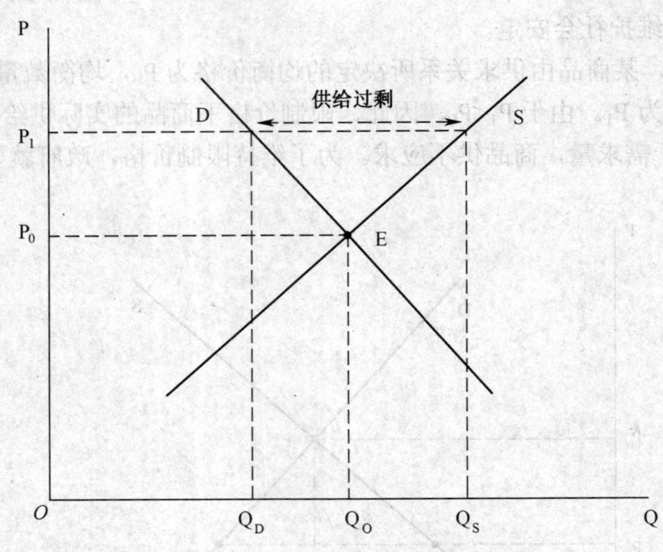

图 2-10　支持价格及其后果

图中 Q 数量，纵轴 P 表示价格。P0 为市场均衡价格，P1 为支持价格，QS 和 QD 分别为支持价格下的供给量和需求量。供给过剩、政府收购是支持价格下最直接的后果。

支持价格政策对经济稳定和发展有积极意义。以对农产品的支持价格为例，实行农产品支持价格的国家，农业生产发展都较好。首先，对农产品的支持价格有利于稳定农业生产，减轻经济波动对农业的冲击；其次，通过对不同农产品的不同支持价格，有利于调整农业结构，使之适应市场需求的变动；再次，从长期来看，对农产品的支持价格有利于扩大农业投资，促进了农业现代化的发展和劳动生产率的提高。支持价格的主要弊端是会使政府背上沉重的包袱。为支持农业生产的发展，减轻政府的负担，农产品支持价格一般采用缓冲库存法和稳定基金法这两种支持价格形式。缓冲库存法是指政府按保护价收购全部农产品，在供大于求时增加库存或出口，在供小于求时平价进行买卖，使农产品的价格稳定在某一水平上。稳定基金法也是由政府收购农产品，稳定农产品的收购价格，但是不再按平价进行买卖，而是在供大于求时低价出售，供小于求时高价出售，同样可以起到支持农业生产的作用。

学习自测 2

一、单选题

1. 张某对面包的需求表示（　　）。

A．张某买了面包

B．张某没有买面包，而买了煎饼

C．面包卖每个 1 元时，张某准备用现有的收入买 4 个，而每个为 2 元时，准备买 1 个

D．张某准备买 10 个，但钱没带够

E．以上都不表示需求

2．需求法则表明（　　）。

A．药品的价格上涨会使药品质量提高

B．计算机价格下降导致销售量增加

C．羽毛球的价格下降，球拍的销售量增加

D．卡车价格提高，小汽车的销售量减少

3．其他条件不变，牛奶价格下降将导致牛奶的（　　）。

A．需求下降　　B．需求增加　　C. 需求量下降

D．需求量增加　　E．无法确定

4．下列选项中（　　）不会导致苹果的需求曲线向右移动。

A．生梨价格上升　　B．橘子产量减少

C．对苹果营养价值的广泛宣传　　D．消费者收入的下降

5．下列选项中（　　）会导致某冰箱生产厂家的产品供给曲线右移。

A．冰箱价格下降

B．冰箱生产的原材料价格上涨

C．该厂家的生产规模扩大

D．全行业的产品库存增加

6．其他条件不变，当羽毛球拍的价格下降时，对羽毛球的需求量将（　　）。

A．减少　　B．不变　　C．增加

D．视具体情况而定　　E．以上都有可能

7．当出租车租金上涨后，对公共汽车服务的（　　）。

A．需求增加　　B．需求量增加　　C．需求减少

D．需求量减少　　E．无法确定

8．供求法则表明（　　）。

A．生产技术提高会使商品的供给量增加

B．政策鼓励某商品的生产，因而该商品的供给量增加

C．消费者更喜欢某商品，使该商品的价格上升

D．某商品价格上升将导致对该商品的供给量增加

E．以上都对

9．假如生产某种商品所需原料的价格上升了，这种商品的（　）。

A．需求曲线将向左移动　　B．需求曲线将向右移动

C．供给曲线向左移动　　D．供给曲线将向右移动

10．均衡价格是（　　）。

A．供给和需求相等是的价格　　B．固定不变的价格

C．供给量和需求量相等时的价格

11．下列选项中（　　）会导致汽车的均衡价格下降。

A．汽车消费税降低　　B．公路建设滞后

C．汽油价格下降　　D．汽车生产成本上升

12．假设某商品的需求曲线为 Q=3−9P，市场上该商品的均衡价格为 4，那么当需求曲线变为 Q=5−9P 后，均衡价格将（　　）。

A．大于 4　　B．小于 4　　C．等于 4

D．小于或等于 4　　E．无法确定

13．当商品的供给和需求同时增加后，该商品的均衡价格将（　　）。

A．上升　　B．下降　　C．不变

D．无法确定　　E．使得均衡数量不变

14．汽油价格上升和汽车生产成本下降会使汽车的（　　）。

A．均衡价格上升、均衡产量提高

B．均衡价格下降、均衡产量不确定

C．均衡价格上升、均衡产量不确定

D．均衡产量提高、均衡价格不确定

15．政府把产品价格限制在均衡水平以下可能导致（　　）。

A．产品积压　　B．产品供给丰富

C．黑市交易　　D．B 和 C

16．政府为了扶持农业，对农产品规定高于均衡价格的支持价格。政府要维持支持价格，应该采取下面的相应措施（　　）。

A．增加对农产品的税收

B．实行农产品配给制

C．收购过剩的农产品

二、简答题

1．什么是需求？影响需求的因素有哪些？

2．什么是供给？影响供给的因素有哪些？

3．说明需求量变动和需求变动的区别。

4．什么是均衡价格？它是如何形成的？

5．什么是限制价格，实行限制价格会带来哪些不利的后果？

三、计算题

1．根据统计研究结果，1998 年美国小麦生产的供给曲线为 Q=1944+207P，相应的小麦需求曲线为 Q＝3244−283P。式中价格单位为美元/蒲式耳，数量单位为百万蒲式耳/年。

（1）试计算该年小麦的均衡价格和均衡数量各是多少。

（2）假设干旱使小麦的供给曲线向左移动，最终导致小麦的价格上涨至每蒲式耳 3 美元，试计算该年小麦的均衡数量。

2．假设各种价格水平上某种数码产品的需求量和供给量如表 2-4 所示。

表 2-4　需求量马供给量关系表

单位产品的价格（元/台）	80	100	120
每年需求量（万台）	200	180	160
每年供给量（万台）	160	180	190

试画出该数码产品的供给曲线和需求曲线，并指出该数码产品的均衡价格和均衡数量。

学习任务 3　弹性及其应用

市场经济中的价格由需求与供给的力量决定，供求规律揭示了价格变动对供给和需求的定性影响。如果要考察汽油价格的上涨对消费者的影响问题，消费者将减少对汽油的消费量这一回答显然过于简单，因为消费者对汽油价格变动可能表现出来的反应程度也是我们关心的重点。在经济学中，弹性被用于衡量一个经济变量对市场条件变化反应的敏感程度。弹性概念有助于我们区分不同商品的需求或供给对相同市场条件变化敏感程度方面的差异，可以帮助我们更好地认识商品的供给与需求。同时，弹性概念还为我们提供了揭示总收益变动的最恰当的方法。

3.1　需求价格弹性

3.1.1　需求价格弹性及其影响因素

我们已经定性讨论了价格变化对需求量的影响，现在将定量讨论价格变化对需求量的影响问题。需求价格弹性，有时也称价格弹性，用于度量需求量对价格变动的反应程度，其大小可用价格弹性系数表示。价格弹性系数是在影响需求量的其他因素不变的条件下，需求量变动比例与价格变动比例的比值，即价格弹性系数 E_d 的计算公式如下：

$$E_d = \frac{\text{需求量的变动比例}}{\text{价格的变动比例}}$$

通俗地讲，价格弹性系数的大小反映了价格每变动 1%，需求量将变动百分之几。假如某商品价格的价格下降了 5%，结果它的需求量上升了 3%，那么该商品的需求价格弹性就可以表示为：

$$E_d = \frac{3\%}{-5\%} = -0.6$$

弹性系数 E_d=−0.6 的含义可理解为，价格每下降 1%，就会引起需求量上升 0.6%。

需求规律表明，相同条件下，任意商品的需求量都会随着商品价格的下降而增加，随着商品价格的上升而减少。虽然需求量与价格之间的反向变动关系意味着需求价格弹性系数为负值，但是在实际运用中，为方便起见，一般都将反映需求量与价格反方向变动关系的负号省略而以正数表示，需求价格弹性系数计算公式表示为：

$$E_d = \left|\frac{需求量的变动比例}{价格的变动比例}\right|$$

不同商品的需求价格弹性，对价格的敏感程度差别很大。有的对价格变动反应强烈，有的对价格变动反应微弱。根据价格弹性大于 1、等于 1 和小于 1，我们将商品区分为富有需求价格弹性、单位需求价格弹性和缺乏需求价格弹性这三种类型。

什么因素决定了一种商品的需求是富有弹性还是缺乏弹性呢？需求价格弹性与许多形成个人欲望的经济、社会和心理因素有关，造成需求价格弹性差异的主要因素可归结如下：

（1）商品在消费者生活中的重要程度。

一般来说，像粮食、油、盐、酱、醋等生活必需品的需求价格弹性较小，可归属于缺乏弹性这一类；而奢侈品的需求价格弹性常较大，倾向于富有需求价格弹性。

（2）商品的可替代程度。

某种商品的可替代品越多，可替代程度越高，需求价格弹性则越大，反之则越小。如没有替代程度较高的替代品的食盐，其需求价格弹性就极小，而有较多替代品的牛肉，其需求价格弹性就较大。

（3）商品消费支出占消费者收入的比重。

如果商品消费支出占消费者收入的比重小，商品价格变动对需求的影响就小，需求价格弹性也就小，如食盐、牙膏、肥皂之类的商品。反之，消费支出占消费者收入的比重大，如空调、珠宝之类的商品，价格变动对需求的影响大，其需求弹性也就大。

（4）考察时间的长短。

人们对价格变动作出反应的时间长短也是影响价格弹性的一个因素。如汽油价格的突然上涨，短期内对汽油的需求可能非常缺乏弹性，然而，随着时间的推移，人们会减少汽车的行驶里程以节省燃油，购买更省油甚至不再使用汽油的汽车，转向更多地使用公共交通。对许多商品而言，消费者的消费模式调整的可能性意味着长期需求弹性比短期大。

另外，商品本身用途的广泛性和商品的范畴的大小等都会影响其需求价格弹性的大小。一种商品的需求价格弹性是各种影响因素综合作用的结果，需要根据具体情况进行综合分析。

3.1.2 需求价格弹性的计算

需求价格弹性的计算，只要计算出价格的变动比例和需求量的变动比例就可以了。若初始价格为 P，初始需求量为 Q，ΔP 为价格的改变量，ΔQ 为价格变动引起的需求量的改变量，则需求价格弹性可以表示为：

$$E_d = \left|\frac{\Delta Q}{Q} \bigg/ \frac{\Delta P}{P}\right| = \left|\frac{\Delta Q}{\Delta P} \cdot \frac{P}{Q}\right| \tag{3-1}$$

然而，当我们按照价格增量ΔP 除以价格 P（即ΔP/P）计算价格变动比例时，很快就会注意到以下问题：一是这里的价格到底应该取初始价格还是变动后的新价格；二是无论分母是取初始价格还是变动后的新价格，需求曲线上两点间的需求价格弹性并不是一个确定的数值。

例如，某商品价格从 4 元升至 6 元，此时应如何计算该商品价格的变动比例呢？是以初始价格为分母还是以变动后的新价格为分母？不同的选择会导致需求价格弹性方面的差异吗？

又例如，如果已知某商品在价格为 4 元和 6 元时的需求量水平，是否就可以求得该商品的需求价格弹性？还是应该区分价格从 4 元上涨到 6 元时的需求价格弹性和价格从 6 元下降到 4 元时的需求价格弹性？

为了避免变动比例计算基数上的模棱两可，保持需求曲线上两点间需求价格弹性的一致性，通常用平均数作为计算变动比例的基数，即用平均价格作为计算价格变动的基础，用平均需求量作为计算需求量变动的基础。若记 P_1 为初始价格，Q_1 为初始需求量，P_2 为变动后的价格，Q_2 为变动后的需求量，则需求曲线上两点间的需求价格弹性（即弧弹性）的计算公式可以表示为：

$$E_d = \left|\frac{Q_2 - Q_1}{P_2 - P_1}\right| \cdot \frac{P_1 + P_2}{Q_1 + Q_2} \tag{3-2}$$

例题 1：某商品价格从 6 元降至 4 元，需求量从 80 个单位增加到 120 个单位，求该商品的需求价格弹性。

解：已知 P_1=6 元，P_2=4 元，Q_1=80 个单位，Q_2=120 个单位，该商品的需求价格弹性为：

$$E_d = \left|\frac{Q_2 - Q_1}{P_2 - P_1}\right| \cdot \frac{P_1 + P_2}{Q_1 + Q_2} = \left|\frac{120-80}{4-6}\right| \cdot \frac{6+4}{80+120} = 1$$

当价格的变动比例微小时，公式（3-1）的计算结果与公式（3-2）的计算结果往往非常接近，此时的需求价格弹性也可通过公式（3-1）计算。

由于 $\Delta P/\Delta Q$ 在价格改变量趋向于无穷小时是需求曲线上初始价格 P 处的斜率 k，因此，需求曲线上该点处的需求价格弹性（即点弹性）的计算公式可表示为：

$$E_d = \frac{1}{|k|} \cdot \frac{P}{Q} \tag{3-3}$$

例题 2：某商品的需求函数为 Q=18–2P，计算价格为 3 时的需求价格弹性。

解：由于在价格为 3 时的需求量为 Q=18–2×3=12，并且需求曲线的斜率 k 是常数 –1/2，因此，根据公式（3-3）可得价格为 3 时的需求点弹性如下：

$$E_d = \frac{1}{|k|} \cdot \frac{P}{Q} = \frac{1}{|-1/2|} \cdot \frac{3}{12} = 0.5$$

需求价格弹性的计算要区分是点弹性还是弧弹性。区分点弹性和弧弹性的关键要了解是要求需求曲线上某一点处的需求价格弹性，还是两点之间的需求价格弹性。点弹性用于度量需求量对于微小的价格变动的反应程度，而弧弹性适用于分析价格的离散变化所带来的影响。

3.1.3 需求价格弹性与收益

总收益也称为总收入，是销售量与价格的乘积。运用弹性概念最重要的理由之一，是它提供了揭示总收益变动最适合的方法。

分析商品需求价格弹性与总收益之间的关系，需要明确销售量就等于需求量。若记商品价格变动前和变动后的总收益分别为 TR_1 和 TR_2，则有 $TR_1=P_1Q_1$，$TR_2=P_2Q_2$。下面考察当商品单位弹性、富有弹性和缺乏弹性时的价格变动对总收益的影响。

1. 商品单位弹性时的价格变动对总收益影响

当商品单位弹性，即需求的价格弹性等于 1 时，根据公式（3-2）有

$$\frac{Q_2 - Q_1}{P_2 - P_1} \cdot \frac{P_1 + P_2}{Q_1 + Q_2} = -1$$

去分母得

$$(Q_2 - Q_1)(P_1 + P_2) = -(P_2 - P_1)(Q_1 + Q_2)$$

去括号并将 $TR_1=P_1Q_1$，$TR_2=P_2Q$ 代入可得

$$-TR_1 + P_1Q_2 - P_2Q_1 + TR_2 = -(-TR_1 - P_1Q_2 + P_2Q_1 + TR_2)$$

两边消去 P_1Q_2 和 P_2Q_1 后得

$$-TR_1 + TR_2 = -(-TR_1 + TR_2)$$

故有

$$TR_1 = TR_2$$

所以，无论价格是上涨（即 $P_2 - P_1 > 0$）还是下降（即 $P_2 - P_1 < 0$），单位弹性时的总收益始终不变。换言之，单位弹性时价格变动不影响总收益。

2. 商品富有弹性和缺乏弹性时的价格变动对总收益影响

当商品富有弹性，即需求的价格弹性大于 1 时，根据公式（3-2）有

$$\frac{Q_2 - Q_1}{P_2 - P_1} \cdot \frac{P_1 + P_2}{Q_1 + Q_2} < -1$$

若价格上涨，即 $P_2 - P_1 > 0$，则上式可化为：

$$(Q_2 - Q_1)(P_1 + P_2) < -(P_2 - P_1)(Q_1 + Q_2)$$

去括号并将 $TR_1=P_1Q_1$，$TR_2=P_2Q$ 代入得

$$-TR_1 + TR_2 < -(-TR_1 + TR_2)$$

故有

$$TR_1 > TR_2$$

因此，需求价格弹性大于 1 时，价格上涨会导致总收益减少。

又若价格下跌，即 $P_2 - P_1 < 0$，则上式可化为：

$$(Q_2 - Q_1)(P_1 + P_2) > -(P_2 - P_1)(Q_1 + Q_2)$$

去括号并将 $TR_1=P_1Q_1$，$TR_2=P_2Q$ 代入得

$$-TR_1 + TR_2 > -(-TR_1 + TR_2)$$

故有

$$TR_1 < TR_2$$

因此，需求价格弹性大于 1 时，价格下降会导致总收益增加。

所以，当商品富有弹性时，价格下降会导致总收益增加，而价格价格上涨会导致总收益减少。

当商品缺乏弹性，即需求的价格弹性小于 1 时，有

$$\frac{Q_2 - Q_1}{P_2 - P_1} \cdot \frac{P_1 + P_2}{Q_1 + Q_2} > -1$$

同理可推导出价格上涨会导致总收益增加，而价格下跌会导致总收益减少。

上述分析表明，需求价格弹性对总收益的影响可概括为如表 3-1 所示。

表 3-1　需求价格弹性对总收益的影响情况表

需求的价格弹性	价格变动对总收益的影响
大于 1（富有弹性）	价格上涨，总收益减少 价格下降，总收益增加
等于 1（单位弹性）	价格变动不影响总收益
小于 1（缺乏弹性）	价格上涨，总收益增加 价格下降，总收益减少

由于需求价格弹性的大小决定了价格变动对总收益的影响，因此，如要预测某公园或景点门票是提价能够增加收益，还是降价能够增加收益时，对需求价格弹性的估算就有助于我们做出准确的价格决策。

弹性与收益之间的关系还可以用来分析经济学中一个非常著名的悖论——“丰收悖论”。丰收悖论提出了一个非常耐人寻味的“丰产不丰收”的问题，即为什么农民在难得的农作物丰收年的收入不但没有增长，而且还比平常年景甚至比欠收年景时的收入还要低？事实上，丰收悖论的主要成因在于基本粮食作物缺乏需求弹性。粮食收成好，供给增加从而降低价格。由于粮食缺乏需求弹性，价格降低并不会刺激需求有较大增加，于是，就导致了收成好反而使农民的总收益下降的现象。

3.2　其他弹性

3.2.1　需求收入弹性

需求收入弹性，有时也称为收入弹性，其大小也可用系数表示。前面讨论的需求价格弹性是为了度量需求量对价格变动的反应程度，顾名思义，需求收入弹性是为了度量需求量对收入变动的反应程度。需求收入弹性系数是在影响需求量的其他因素不变的条件下，需求量变动比例与收入变动比例的比值，即收入弹性系数 E_I 的计算公式如下：

$$E_I=\frac{\text{需求量的变动比例}}{\text{价格的变动比例}} \tag{3-4}$$

通俗地讲，收入弹性系数的大小反映了收入每变动 1%需求量将变动百分之几。

需求收入弹性的计算分弧弹性和点弹性。若记 I_1、Q_1 分别为期初的收入和需求量水平，I_2、Q_2 为期末的收入和需求量水平，则弧弹性计算公式可以表示为：

$$E_I=\frac{Q_2-Q_1}{I_2-I_1}\cdot\frac{I_1+I_2}{Q_1+Q_2} \tag{3-5}$$

如果要计算一定收入水平下的需求收入弹性，那么就应该使用点弹性计算公式。点弹性公式适合在已知需求量与收入水平之间的函数关系时使用。若记 I 为收入水平，Q 为需求量，则点弹性计算公式可以表示为：

$$E_I=\frac{dQ}{dI}\cdot\frac{I}{Q} \tag{3-6}$$

若再记 ΔI 为收入的改变量，ΔQ 为收入变动引起的需求量的改变量，则当消费者收入变动比例很小时，需求价格弹性可按下面公式计算：

$$E_I = \frac{\Delta Q}{Q} \bigg/ \frac{\Delta I}{I} = \frac{\Delta Q}{\Delta I} \cdot \frac{I}{Q} \tag{3-6}$$

需求收入弹性可以是正数，也可以是负数。需求收入弹性是正数意味着商品的需求量与收入同方向变动，否则，就意味着需求量与收入呈反方向变动关系。根据需求收入弹性是否大于零，可将商品分为正常品和低档品，低档品是指收入弹性为负的商品。根据收入弹性系数是否大于 1，我们还进一步将正常品区分为必需品和奢侈品。如将粮食等收入弹性系数小于 1 的商品称为生活必需品，而将珠宝等收入弹性系数大于 1 的商品称为奢侈品。

应该注意的是，由于同一商品的需求收入弹性因时、因地、因人而异，因此，奢侈品、生活必需品和低档品的划分不是绝对的。

德国统计学家恩格尔通过对有关资料的统计分析，得出了一个结论：随着收入的提高，食物支出在全部收入中所占的比例越来越小。这一结论就称为恩格尔定理。

在一个家庭、一个地区或一个国家中，食物支出占其总收入的比例称为恩格尔系数。由于恩格尔定理也可表述为恩格尔系数随着消费者收入水平的提高而递减，因此，恩格尔系数是对各个家庭、地区或国家的富裕程度进行评价的评价指标。恩格尔系数越小，富裕程度越高，反之富裕程度则越低。

需求收入弹性的概念有助于我们对恩格尔定理的理解。作为生活必需品的食物，其需求收入弹性介于 0 和 1 之间就已表明随着消费者收入水平的提高食物需求量的增长速度低于收入的增长速度，食物较小的需求收入弹性是恩格尔定理成立的必要条件。

3.2.2 需求交叉价格弹性

需求交叉价格弹性也称为需求交叉弹性或交叉价格弹性，简称交叉弹性，其大小也可用系数表示。需求交叉价格弹性是为了度量一种商品的需求量对另一种商品价格变动的反应程度。若以 E_{xy} 表示商品 X 对商品 Y 的需求交叉弹性系数，则 E_{xy} 可表示为：

$$E_{xy} = \frac{\text{X 商品需求量的变动比例}}{\text{Y 商品价格的变动比例}}$$

常识告诉我们，若商品 X 与商品 Y 这两种商品之间具有替代关系，即一种是另一种的替代品，如可口可乐和百事可乐，红茶和绿茶等，则在影响 X 商品需求量的其他因素不变的条件下，商品 Y 价格上涨的结果是消费者会减少对该商品的购买量，而增加对相对便宜的替代品 X 的购买量，故此时的 E_{xy} 为正值。若商品 X 与商品 Y 之间具有互补关系，即一种是另一种的互补品，如打印机和油墨，汽车和汽油等，则在影响 X 商品需求量的其他因素不变的条件下，商品 Y 价格上涨的结果是消费者不但会减少对该商品的购买量，而且还会减少对其互补品 X 的购买量，故此时的 E_{xy} 为负值。

因此，需求交叉弹性是正值还是负值，取决于两种商品间关系的性质，即两种商品间是替代关系还是互补关系。一般情况下，两种商品之间的替代性越强，需求交叉弹性系数就越大；两种商品之间的互补性越强，需求交叉弹性系数的绝对值就越大。

此外，两种商品的交叉弹性系数也可为零，即一种商品的需求量不随另一种商品的价格变动而变动。如果一种商品价格的变动对另一种商品的需求没有任何影响，那么这两种商品既不是替代品，也不是互补品，而应该称为独立品。

需求交叉弹性主要应用在以下两个方面：第一，通过需求交叉弹性，生产者可以知道对自己产品的需求会受其他产品价格变化的影响。这将有助于企业制定自身的价格策略，有助于分析与各种产品之间有联系的风险问题。对于拥有许多条生产线、各种产品相互之间存在着明显的替代关系或互补关系的企业来说，这一点特别重要，它关系到这类企业的产品结构是否合理的问题；第二，企业可以利用交叉弹性来测定行业间的相互关系。例如从表面看，某个企业完全控制了市场，因为它是该商品的唯一供给者，但是，如果该企业的产品与某个有关行业的产品之间的需求交叉弹性较大且为正值，那么这个企业若提高价格，就会把一些销售额丢给有关行业的其他企业，可见该企业只能算是狭义上的垄断者。比如，如果火车票价格上调的幅度过高，就会使公路客运或航空客运的客源人数明显增多，而使自己在竞争中处于不利的地位。

3.2.3 供给价格弹性

供给价格弹性是商品供给量变动比例与价格变动比例的比值，它反映了供给量对价格变动反应的敏感程度。不同商品供给量变动对价格变动反应的敏感程度不同，一般用供给弹性系数 E_s 来表示弹性的大小，即有：

$$E_s = \frac{供给量的变动比例}{价格的变动比例}$$

通俗地讲，供给价格弹性系数的大小反映了价格每变动 1%，需求量将变动百分之几。若以 Q 代表供给量，ΔQ 代表供给量的变动量，P 代表价格，ΔP 代表价格的变动量，则供给价格弹性系数可用下列公式表示：

$$E_s = \frac{\Delta Q}{Q} \bigg/ \frac{\Delta P}{P} = \frac{\Delta Q}{\Delta P} \cdot \frac{P}{Q}$$

一般来说，商品的供给数量与其价格之间成同方向变动，供给曲线向右上方倾斜，供给价格弹性系数为负值，但也有例外情况。根据不同商品供给价格弹性的大小，可以把商品分为五类：供给完全无弹性（$E_s=0$，如一些无法复制的珍贵名画）、供给缺乏弹性（$0<E_s<1$，如资本技术密集型产品）、供给单位弹性（$E_s=1$，如某些机械类产品）、供给富有弹性（$E_s>1$，如劳动密集型产品）、供给完全有弹性（$E_s \to \infty$，如劳动力严重过剩地区劳动力的供给）。

在现实经济生活中，供给单位弹性、供给完全无弹性和供给完全有弹性比较少见，大多数商品的供给不是富有弹性就是缺乏弹性。一些不可再生性资源，如土地以及无法复制的珍品的供给价格弹性等于零，而在劳动力严重过剩地区，劳动力供给曲线具有完全弹性的特点。

影响供给弹性的因素很多，其中主要有：

（1）生产成本的变化。

在其他条件不变的情况下，如果生产成本随着产量的增加不会增加太多，则产品的供给弹性就大；相反，如果产量增加促使成本显著增加，则供给弹性就小。

（2）生产时期的长短。

当商品价格发生变化时，企业对产量的调整需要一定的时间。由于在短期内，企业的生产设备等无法改变，如果企业要根据商品的涨价及时地增加产量，或根据商品的降价减少产量，都存在不同程度的困难，调整时间长则供给弹性小，反之，供给弹性大。

（3）生产规模变化的难易程度。

一般来说，生产规模大的资本密集型企业，因受设计和专业化设备等因素的制约，其生产规模变动较难，调整时间长，因而其产品的供给弹性小；反之，规模较小的劳动密集型企业，其产品的供给弹性大。

（4）生产的难易程度。

一般来说，容易生产的产品，如技术要求低、生产周期很短，则产量调整比较快，供给弹性大；反之，较难生产的产品，供给弹性小。

学习自测 3

一、单选题

1．若某商品价格上升 2%，其需求下降 10%，则该商品的需求价格弹性是（　）。

A．缺乏弹性的　　B．富有弹性的
C．有单位弹性的　　D．无法确定
E．具有无限弹性

2．如果价格从 10 元下降到 8 元，需求数量从 1000 件增加到 1200 件，需求价格弹性为（　）。

A．+1.33　　B．−1.33　　C．+0.75　　D．−0.82

3．若某行业中许多生产者生产一种标准化产品，我们可估计到其中任何一个生产者的产品需求将是（　）。

A．毫无弹性　　B．有单元弹性
C．缺乏弹性或者说弹性较小　　D．富有弹性或者说弹性很大

4．需求曲线为水平线时的需求价格弹性的绝对值是（　）。

A．零　　B．无穷大　　C．1　　D．不肯定

5．直线型需求曲线的斜率不变，因此其价格弹性也不变，这个说法（　）。

A．一定正确　　B．一定不正确
C．可能不正确　　D．无法断定正确不正确

6．如果某商品富有需求价格弹性，则该商品价格上升会使（　）。

A．销售收益增加　　B．销售收益不变
C．销售收益下降　　D．销售收益的变动不确定

7．如果政府对某商品每单位征税 5 美元，假定这种商品的需求价格弹性为零，可以预料价格的上升（　）。

A．小于 5 美元　　B．等于 5 美元
C．大于 5 美元　　D．不能确定

8．假定某商品的价格从 3 美元降到 2 美元，需求量将从 9 单位增加到 11 单位，则该商品卖者的总收益将（　）。

A．保持不变　　　B．增加　　　　C．减少　　　　D．无法确知

9．收入的增加会导致（　　）。

A．劣等品的需求曲线右移

B．正常品的需求曲线右移

C．需求没有变化，因为价格将会上升，这会抵消收入增加的效应

D．沿需求曲线的变动

10．如果某种商品的需求收入弹性是正值，说明（　　）。

A．该种商品不是低档品　　　B．该种商品必定是必需品

C．该种商品必定是高档品　　D．该种商品必定是低档品

11．某些人在收入较低时购买黑白电视机，在收入提高时，则去购买彩色电视机，黑白电视机对这些人来说是（　　）。

A．必需品　　B．奢侈品　　C．低档品　　D．高档品

12．若X和Y两种商品的交叉弹性是−2.3，则（　　）。

A．X和Y是替代品　　　B．X和Y是正常商品

C．X和Y是低档品　　　D．X是Y的互补品

13．两种商品中若当其中一种的价格变化时，这两种商品的购买量同时增加或减少，则二者的需求交叉弹性系数为（　　）。

A．负　　　B．正　　　C．0　　　D．1

二、计算题

1．根据统计研究结果，1998年美国小麦生产的供给曲线为Q=1944+207P，相应的小麦需求曲线为Q=3244−283P。式中价格单位为美元/蒲式耳，数量单位为百万蒲式耳/年。试计算均衡价格下小麦的需求价格弹性和供给价格弹性分别是多少？

2．假设各种价格水平上某种数码产品的需求量和供给量如表3-2所示。

表3-2　需求量和供给量关系表

单位产品的价格（元/台）	80	100	120
每年需求量（万台）	200	180	160
每年供给量（万台）	160	180	190

（1）计算价格在100～120元价格之间的需求价格弹性。

（2）计算价格在80～100元之间的供给价格弹性。

学习任务 4　效用及消费者行为

每个消费者都有自己的偏好，也都面临着各自的消费约束。消费者如何分配其收入？这种分配又是如何决定对于各种商品和服务的需求？这里将考察消费者在日常生活中作出理性选择、理性消费的基本原则以及商品的价格变动对消费者的影响。通过本单元的学习，你将感受到边际分析法所具有的魅力以及"理性人考虑边际量"这一经济学原理的重要性。

4.1　效用

4.1.1　欲望、偏好与效用

欲望是一种缺乏的感觉与求得满足的愿望，它是一种心理感觉，是不足之感与求足之愿的统一。欲望是由人的需要引导的，消费欲望是消费者从消费物品中求得满足的愿望，消费的最终目的是为了满足我们的各种欲望。

欲望具有无限性，一种欲望满足之后又会产生新的欲望，成为推动社会前进的动力。欲望有轻重缓急之分，具有层次性。根据需要的内容不同，消费欲望依次可以分为满足生理需要的欲望、满足安全需要的欲望、满足归属和爱的需要的欲望、满足尊重需要的欲望和满足自我实现需要的欲望这五个层次。另外，欲望还具有层次递进性。低层次欲望满足以后就不再成为行为的推动力，会在此基础上产生新的欲望。对于大多数消费者来说，基本上都遵循在满足低层次欲望后才产生高层次欲望这一基本的欲望发展规律。

偏好是指消费者对一种商品或商品组合的喜好程度。每个消费者都有自己的偏好，偏好取决于消费者个人的需要、兴趣和嗜好。消费者根据自己的意愿对可供选择的商品或商品组合进行的排序表明了消费者对这些商品或商品组合的偏好关系。

效用是消费者在消费商品时所获得的满足程度，反映了商品满足人的欲望的能力。经济学中常使用效用概念描述偏好，效用的大小反映了偏好程度的高低。商品的效用是消费者对商品价值的主观评价，其大小没有客观标准，是人们的一种心理感受，它因人、因时、因地而异，效用具有主观性和差异性。效用因人而异是指同种商品对不同的人的效用是不同的，例如，对吸烟者来说，香烟可能有很大的效用，而对不吸烟者来说，则可能毫无效用，甚至为负效用。效用因时、因地而异则意味着同种商品在不同的时间或地点对同一消费者的效用也不是固定不变的，而是会随时间、地点变化的。

经济学家常将效用最大化作为理性人行动的目标，并通过分析人们如何达到最大的效用来阐释消费者的行为。

4.1.2 基数效用和序数效用

既然效用是指消费者在消费商品时所获得的满足程度，那么自然就产生了这种“满足程度”如何度量的问题。在这一问题上，西方经济学家先后提出了基数效用和序数效用的概念，并由此形成了消费者行为的两种分析方法：边际分析法和无差异曲线分析法。

基数效用论认为，效用就如长度和重量一样是可以具体衡量的，效用的大小可以用基数（1，2，3，…）表示出来并进行计算和比较。而序数效用论则认为效用作为一种心理现象是无法具体计量的，但是消费者能够对可供选择的商品或商品组合进行排序，用序数（第一，第二，第三，…）来表示。在经济学中，效用常用消费者的支付意愿来表示，因此效用也称为收益或利益。

针对消费者对商品或商品组合的排序问题，序数效用论为此给出了三个消费者偏好假设，即假定消费者偏好具有完备性、可传递性和非饱和性。偏好的完备性是指消费者总是可以比较和排列所给出的不同商品或商品组合，即消费者对于偏好的表达方式是完备的，消费者总是可以把自己的偏好评价准确地表达出来。如对于任何两种商品或商品组合 A 和 B，消费者总是可以作出是偏好 A 还是 B，或者 A、B 无差异的判断。偏好的可传递性是指对于任何三种商品或商品组合 A、B、C，如果消费者对 A 的偏好大于 B，对 B 的偏好大于 C，那么，必有消费者对 A 的偏好大于 C。该假定保证了消费者偏好的一致性。偏好的非饱和性也叫偏好的单调性，该基本假设是指消费者总是认为任何一种商品的数量总是多比少好，没有饱和点。

经济学家常将效用最大化作为理性人行动的目标，并通过分析人们如何达到最大的效用来阐释消费者的行为。事实上，无论是采用基数效用论下的边际分析法，还是采用序数效用论下的无差异曲线分析法，经济学家都可以从不同的角度说明消费者均衡的实现过程，最终推导出有关消费者均衡的一致结论。

4.1.3 边际效用递减规律

“边际”是经济学中的重要术语，边际效用是指消费者新增单位商品或劳务的消费而带来的效用。若将消费者在某一特定时间内消费一定数量的某种商品所获得的满足程度的总和称为总效用，则边际效用就是消费者新增单位商品或劳务的消费而带来的总效用的增量。如果用 TU 表示总效用，用 MU 表示边际效用，Q 为某商品的消费数量，我们可以用表 4-1 说明总效用与边际效用之间的数量关系。

表 4-1 某商品的消费量、总效用和边际效用情况表

消费量（Q）	总效用（TU）	边际效用（MU）
1	10	10
2	18	8
3	24	6
4	28	4
5	30	2
6	30	0

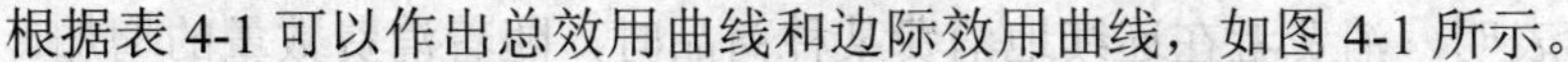

根据表 4-1 可以作出总效用曲线和边际效用曲线，如图 4-1 所示。

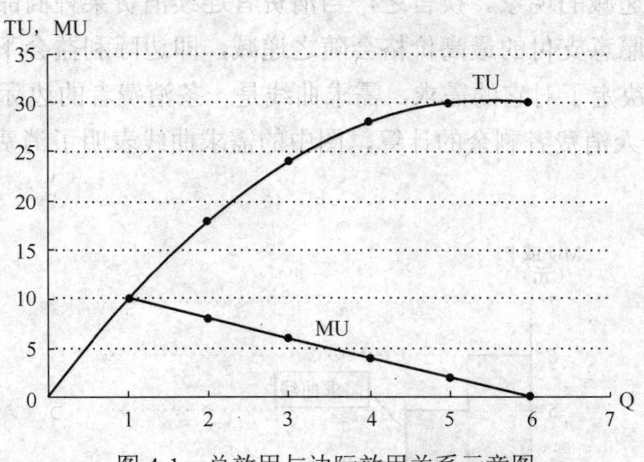

图 4-1　总效用与边际效用关系示意图

图中横轴代表商品的消费量，纵轴代表效用（总效用或边际效用）。TU 为总效用曲线，MU 为边际效用曲线。

由表 4-1 及图 4-1 都可以看出：当边际效用为正数时，总效用是增加的；当边际效用为零时，总效用达到最大。

边际效用递减规律是指消费者在连续地消费某种商品时，随着消费数量的增加，该商品的边际效用会出现递减的现象。例如，当我们吃面包时，第一个感觉非常好，第二个感觉没第一个好，依次类推，边际效用在减少。如果吃饱了再吃就会感到难受了，此时的边际效用就用负数表示，表明消费者此时宁愿支付一定的费用也要避免再吃一个面包了。

边际效用为什么会递减呢？边际效用递减规律可以用以下两个理由来解释：

（1）生理或心理方面的原因。

某种商品的消费量越多，消费者在生理上或心理上对重复刺激的反应就越弱，从而导致消费者对新增商品消费所带来的满足程度减少。

（2）物品本身用途的多样性。

每种物品都有多种用途，消费者总是先把物品用于最重要的用途，而后用于次要的用途。依此类推，新增的物品给消费者提供的效用是依次递减的。比如水的用途很多，既可以用来解渴，也可以用来烧饭做菜或洗浴，还可以用来浇花拖地等。当水的数量很少，只能用于喝这一种用途时，水的边际效用很高；但当有充足的水满足了人们的生理需要，剩下的可用于浇花拖地并且还有余时，水的边际效用就很低了。

尽管有时候也会出现边际效用递增的现象，但是对于绝大多数商品而言，边际效用递减规律仍然不失为有关商品效用与消费量关系方面的合理描述。

4.1.4　消费者剩余

消费者的购买决策取决于消费者对商品或服务的评价。由于我们并不总是必须支付我们愿意支付的最高价格，因此，消费者的评价与其实际支付量之间常存在差额，这个差额就称为消费者剩余，即消费者剩余=消费者的评价–消费者的实际支付量。消费者剩余是消费者的一种心理感受，消费者剩余产生的原因在于消费者的“所得大于其所付”，其根源是边际效用递减规律。

边际效用递减规律表明，消费者在连续地消费某种商品时，随着消费数量的增加，该商品的边际效用会出现递减的现象。换言之，当消费者连续消费某种商品时，消费者为多得一单位的商品或服务所愿意支付的最高价格会随之递减，即边际利益会下降。因此，对一种商品或服务的支付意愿决定了对它的需求，需求曲线是一条消费者的边际利益曲线。

图 4-2 说明了个人消费者剩余的计算，图中的需求曲线表明了消费者在不同消费量下的支付意愿。

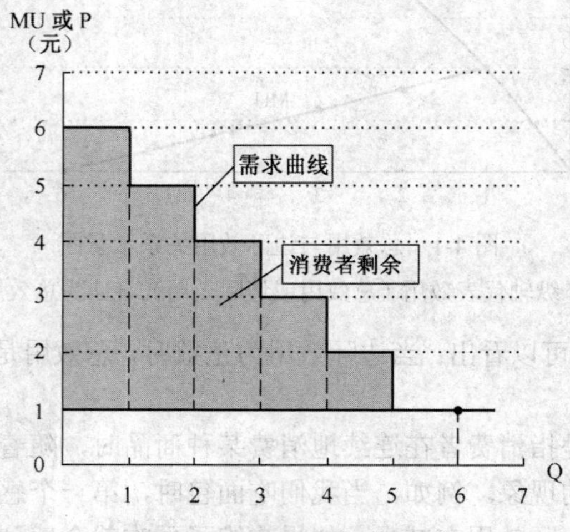

图 4-2　个人的消费者剩余

图中横轴表示消费量，纵轴表示消费者的边际效用 MU 或商品价格 P。若消费者对第 1 单位商品的支付意愿是 6 元，对第 2 单位的支付意愿是 5 元，……，对第 6 单位的支付意愿是 1 元，正好等于商品的价格，则当消费数量是 5 单位或 6 单位时，消费者剩余都是阴影部分面积，总额为 21 元。

由于需求曲线的高度衡量了消费者对商品的评价，这种支付意愿与商品市场价格之间的差额就是每个消费者的消费剩余，因此，对任意商品或劳务的市场需求曲线而言，需求曲线以下和市场价格以上的总面积就是某种商品或劳务市场上所有消费者的消费者剩余，如图 4-3 所示。

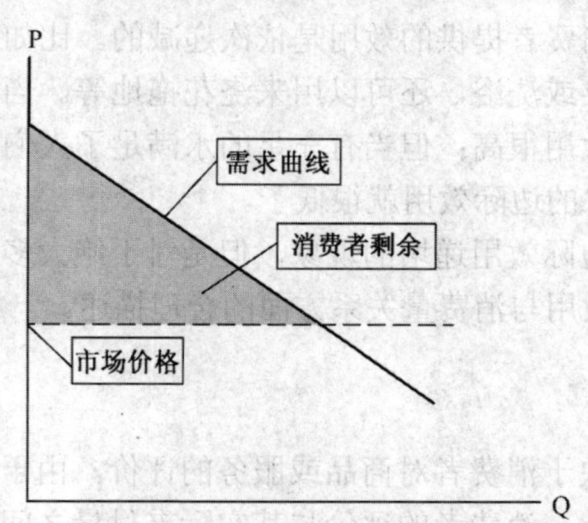

图 4-3　需求曲线与消费者剩余

图中横轴表示数量，纵轴表示商品价格。图中阴影部分面积就是消费者剩余。

4.2 消费者选择

一定时期内，每个消费者都有确定数量的收入可供花费。消费者的收入及其面临的商品价格限制了消费者的消费选择，消费者的偏好又决定了他从各种不同的消费可能中获得的效用大小。消费者如何在不同商品上分配他的既定收入，是消费者行为理论所要研究的主要内容。效用最大化是消费者行为理论分析消费者的最优消费决策行为的前提，为便于弄清消费者在既定预算约束下如何作出购买决策，这里首先假定消费者以实现效用最大化为目标，不考虑货币边际效用的变化。

4.2.1 消费可能性

消费者的消费行为总要受商品价格和消费者收入的约束，消费者只能在消费预算允许的范围内选择商品。为了便于理解消费预算约束是如何限制一个消费者的选择的，现在假设消费者要选购两种商品：若商品 X、Y 的单价分别是 P_X 和 P_Y，I 为消费预算，则该消费者所能购买的商品 X、Y 的最大数量组合（x、y）所形成的轨迹就称为预算线，又称预算约束线、消费可能线或等支出线，并且其方程可表示为：

$$P_X \cdot x + P_Y \cdot y = I$$

例如商品 X、Y 的单价分别是 20 元和 10 元，消费预算为 100 元，消费者所能购买的商品 X、Y 的最大数量组合（x、y）满足方程：

$$20x + 10y = 100$$

表 4-2 列出了满足预算约束的一些消费组合。

表 4-2 商品 X、Y 最大购买数量组合表

数量组合	X 商品购买数量	Y 商品购买数量
A	0	10
B	1	8
C	2	6
D	3	4
E	4	2
F	5	0

根据表 4-2 可以绘制相应的消费预算约束示意图。图 4-4 表明，预算线将第一象限分割为两部分：预算约束下的可能消费区和不可能消费区。若商品 X、Y 都具有无限可分性，则预算线上的点都是消费者刚好用完消费预算能够购买的商品组合，预算线下方的点对应了消费预算有剩余的商品组合，而预算线上方的点却是目前的商品价格和消费预算条件下所无法实现的商品组合。

4.2.2 理性支出原则

边际效用递减规律表明，当消费者持续消费某种商品时，该商品的边际效用会随商品消费

数量的增加而递减，将所有收入都用于购买一种商品往往不是我们的最佳选择。现在要弄清消费者在既定预算约束下应如何作出购买决策，才能使其在购买行为中得到最大的满足或效用。这种实现消费者效用最大化的状态称为消费者均衡，其实现条件称为理性支出原则。

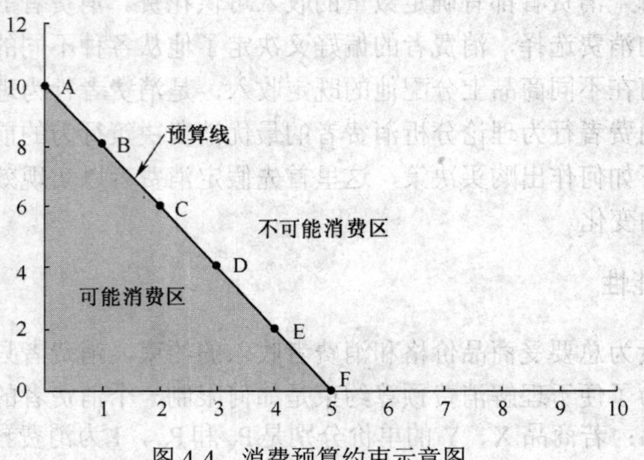

图 4-4 消费预算约束示意图

由于消费者的收入限制了消费者的消费选择，消费者的偏好又决定了从各种不同的消费可能中能获得的效用大小，因此，为便于分析消费者的最优消费决策，这里首先讨论消费者将固定消费预算全部用于购买价格既定的两种商品的情形，并且假定商品是无限可分的。

若消费者从商品 X、Y 的组合（x、y）中获得的效用记为 $U = U_{(x,y)}$，则在消费预算 I、消费者的偏好以及商品 X、Y 的价格 P_X 和 P_Y 都是既定的情况下，可建立如下消费者效用最大化的数学模型：

$$\underset{x,y}{\mathrm{Max}}\, U_{(x,y)}$$

$$x \cdot P_X + y \cdot P_Y = I$$

消费者的最优选择就是满足上述消费预算约束且能实现消费者效用最大化目标的商品组合，通过求解该模型可得消费者的最优选择应满足下列条件：

$$\frac{MU_X}{P_X} = \frac{MU_Y}{P_Y}$$

或

$$\frac{MU_X}{MU_Y} = \frac{P_X}{P_Y}$$

其中 MU_X 和 MU_Y 分别是商品 X、Y 的边际效用。

事实上，如果消费者购买的不是两种商品而是多种商品，设各种商品的价格分别为 $P_1, P_2, \cdots, P_n$，购买量分别为 $Q_1, Q_2, \cdots, Q_n$，各种商品的边际效用为 $MU_1, MU_2, \cdots, MU_n$，那么仍然可以把消费者最优选择的实现条件表示为：

$$\frac{MU_1}{P_1} = \frac{MU_2}{P_2} = \cdots = \frac{MU_n}{P_n}$$

或

$$MU_1 : MU_2 : \cdots : MU_n = P_1 : P_2 : \cdots : P_n$$

上述结论表明，消费者在固定预算约束下，面临各种价格既定的商品时的最优购买决策或消费均衡应满足一定的条件，这些条件也称为消费者的理性支出原则。换言之，当消费者只能选购两种商品时，其效用最大化的必要条件或理性支出原则是两种商品的边际效用之比应等于它们的价格比，也就是花费在两种商品上的最后一单位货币都能给消费者带来相同的效用；而当消费者可以选购多种商品时，其效用最大化的必要条件或理性支出原则是各种商品的边际效用之比应等于它们的价格比，是由消费者所购买的任何一种商品的边际效用与其价格之比都应相等，换言之，消费者花费在每种商品上的最后一单位货币都能给消费者带来相同的效用。

例题：假定某人在消费商品 X、Y 时的边际效用如表所示，且 P_x=4 元，P_y=2 元，消费预算约束为 32 元，商品 X、Y 的边际效用情况如表 4-3 所示。

表 4-3　商品 X、Y 的边际效用

消费量	1	2	3	4	5	6	7	8	9	10	11
MU_x	32	28	22	20	18	16	14	12	10	6	2
MU_y	15	12	10	8	6	5	4	3	2	1	0

求该消费者效用最大化的消费组合。

解：先将表中的边际效用除以每种商品的价格，可得每种商品不同消费数量下最后一元货币所能带来的效用，具体结果如表 4-4 所示。

表 4-4　计算结果

消费量	1	2	3	4	5	6	7	8	9	10	11
MU_x/P_x	8	7	5.5	5	4.5	4	3.5	3	2.5	1.5	0.5
MU_y/P_y	7.5	6	5	4	3	2.5	2	1.5	1	0.5	0

再考察花费在两种商品上的最后一单位货币能带来相同效用的商品组合的总费用，就会发现分别选购 6 件 X 商品和 4 件 Y 商品能够使消费者效用达到最大化，是消费者的最优选择。

虽然现实中的商品都不是无限可分的，难以精确满足理性支出原则，但是该原则仍然能够指导我们将收入分配到单位支出能产生最高边际效用的商品上去，以实现既定支出下总效用的最大化。

若 $\frac{MU_X}{P_X} < \frac{MU_Y}{P_Y}$，即花费在商品 X 上的最后一单位货币所得到的效用少于在商品 Y 上所能得到的效用，则消费者可通过减少在商品 X 上的支出，并将该减少的支出用于增加商品 Y 的购买量就能增加消费者的总效用；若 $\frac{MU_X}{P_X} > \frac{MU_Y}{P_Y}$，则消费者按反方向操作也能增加消费者的总效用。

4.2.3　无差异曲线

无差异曲线是用来表示能给消费者带来相同满足程度的两种商品的不同组合所形成的轨迹。因为无差异曲线上每一点代表的不同商品组合都具有相同的效用水平，所以无差异曲线也叫做等效用线。

用无差异曲线可以直观地描绘消费者偏好程度相同的消费组合。如表 4-5 列举了某消费者认为无差异的一些商品组合。若用横轴表示商品 X 的数量，纵轴表示商品 Y 的数量，假如商品都是无限可分的，则可得如图 4-5 所示的该消费者的无差异曲线。

表 4-5　某消费者部分无差异的商品组合

商品组合	X 商品数量	Y 商品数量
A	1	6
B	2	3
C	3	2
D	4	1.5

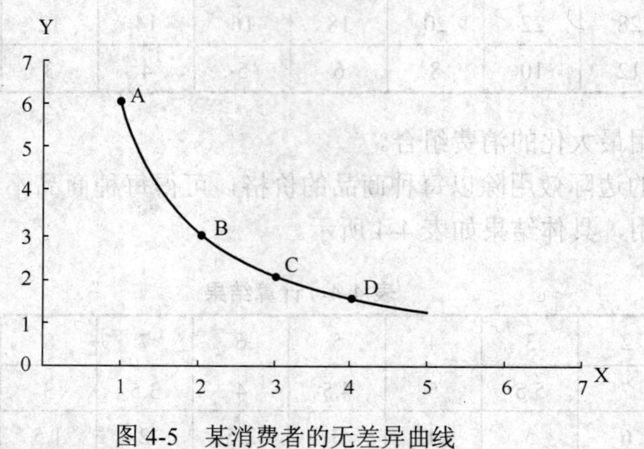

图 4-5　某消费者的无差异曲线

横轴表示商品 X 的数量，纵轴表示商品 Y 的数量。A、B、C、D 是该消费者认为效用无差异的商品组合。当商品无限可分时，曲线上任两点对应的商品组合都具有相同的效用。

如图 4-6 所示，无差异曲线具有如下基本特征：

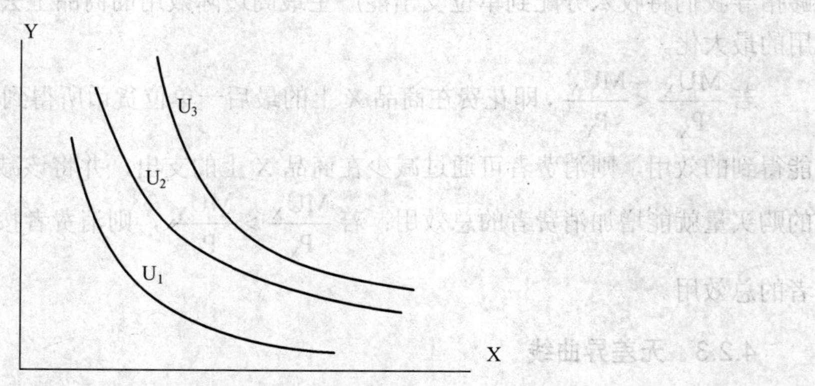

图 4-6　某消费者的无差异曲线组

横轴表示商品 X 的数量，纵轴表示商品 Y 的数量。U_1、U_2、U_3 表示该消费者的无差异曲线。

（1）无差异曲线是一条从左向右下方倾斜并且凸向原点的曲线。

在无差异曲线上，为了保持相同的效用水平，当消费者增加一种商品的消费量时就必须减少另一种商品的消费量。

（2）在同一平面图上可以有无数条无差异曲线，离原点越远的无差异曲线所代表的效用水平越高。

（3）在同一坐标平面图上的任何两条无差异曲线不会相交。

由于同一条无差异曲线代表相同的效用水平，不同的无差异曲线代表的效用水平不同，因此，若两条无差异曲线有交点，则该点的商品组合就对应了不同的效用水平。

消费者增加一单位 X 商品的消费数量时所愿意放弃的另一种商品 Y 的消费数量，称为商品 X（相对商品 Y）的边际替代率，记为 MRS_{XY}。

如图 4-7 所示，对某消费者而言，若点 A 和点 B 所表示的商品 X、Y 的组合是无差异的，即增加 ΔX 单位 X 商品的消费数量时消费者所愿意放弃的另一种商品 Y 的消费数量是 ΔY，则 X 商品相对 Y 商品的边际替代率可表述为：

$$MRS_{XY}=\Delta Y/\Delta X$$

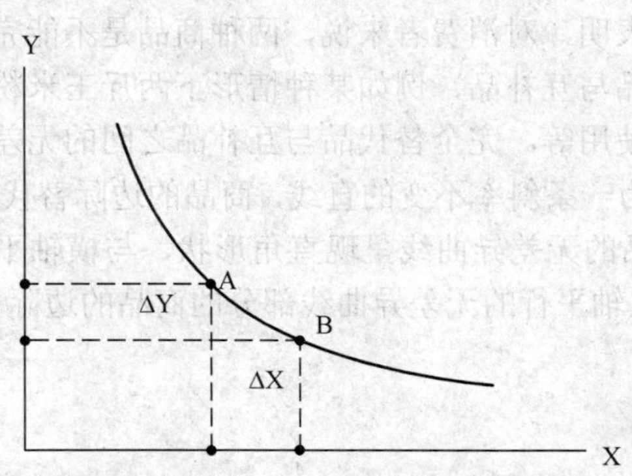

图 4-7　无差异商品组合与商品的边际替代率

横轴表示商品 X 的数量，纵轴表示商品 Y 的数量。当商品组合从 A 变动到 B 时，X 商品增加了 ΔX 单位而 Y 商品减少了 ΔY 单位，但不改变两种商品组合的总效用。X 商品相对 Y 商品的边际替代率 MRS_{XY} 意味着消费者为得到单位 X 商品而愿意放弃的 Y 商品的数量。

如当商品 X 的价格从 6 元下降到 3 元而商品 Y 的价格不变时，消费者为了维持原来的效用水平，往往会减少价格相对比较贵的商品 Y 的消费而增加价格相对便宜的商品 X 的需求量。若消费者认为 2 单位商品 X 与 3 单位的商品 Y 具有相同的效用，就可得出商品 X 对商品 Y 的边际替代率 MRS_{XY} 是 3/2，即消费者为得到 1 单位 X 商品而愿意放弃 1.5 单位的 Y 商品。

对消费者而言，ΔX 单位 X 商品与 ΔY 单位 Y 商品具有相同的效用，也就是：

$$MU_X\Delta X=MU_Y\Delta Y$$

所以商品 X 的边际替代率也可以表示为两种商品的边际效用之比，即有：

$$MRS_{XY}=MU_X/MU_Y$$

随着 X 商品消费数量的不断增加，消费者为得到一单位这种商品所愿意放弃的另一种商品的消费数量递减的现象称为商品的边际替代率递减规律。商品边际替代率递减规律决定了凸向原点是无差异曲线的一般形状。

在假设商品无限可分的情形下，商品的边际替代率可用无差异曲线切线的斜率来表示，如图 4-8 所示。

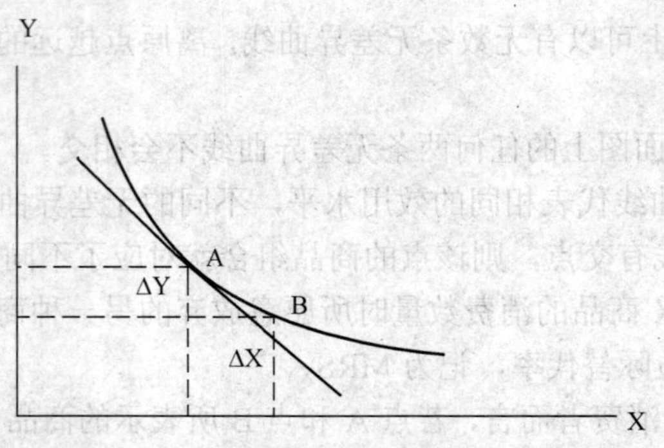

图 4-8 无差异曲线切线斜率与边际替代率

横轴表示商品 X 的数量，纵轴表示商品 Y 的数量。当商品数量无限可分时，点 A 处商品 X 的边际替代率 MRS_{XY} 的大小就等于点 A 所在的无差异曲线在该点处的切线斜率的大小。

边际替代率递减规律表明，对消费者来说，两种商品是不能完全替代的。极端的情况分别是两种商品是完全替代品与互补品，例如某种情形下两斤玉米粉总是可以替代一斤面粉，眼镜架总要与眼镜片配合使用等。完全替代品与互补品之间的无差异曲线有着特殊的形状。完全替代品的无差异曲线为一条斜率不变的直线，商品的边际替代率 MRS_{XY} 为一常数，如图 4-9（a）所示；完全互补品的无差异曲线呈现直角形状，与横轴平行的无差异曲线部分的商品的边际替代率为 0，与纵轴平行的无差异曲线部分的商品的边际替代率是无穷大，如图 4-9（b）所示。

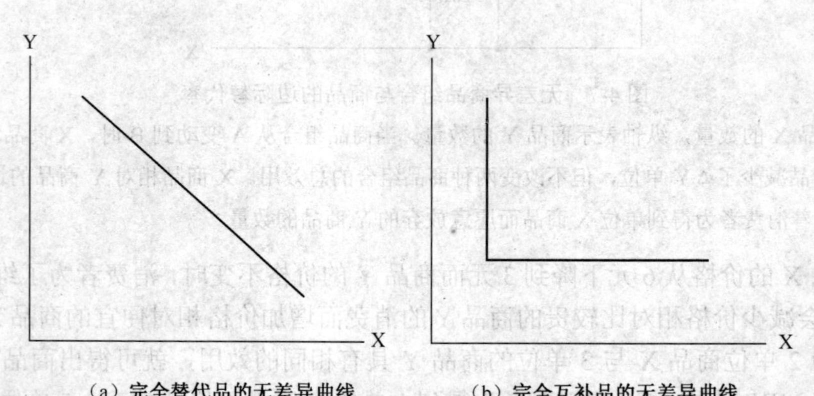

（a）完全替代品的无差异曲线　　（b）完全互补品的无差异曲线

图 4-9 完全替代品和完全互补品的无差异曲线

（a）当商品 X、Y 可完全替代时，增加单位 X 商品愿意放弃的 Y 商品的数量固定不变，边际替代率 MRS_{XY} 为常数，无差异曲线表现为直线。

（b）当商品 X、Y 可完全互补时，只能以固定搭配方式配合使用才能产生一定的效用，否则，单纯增加任何一种没有可与之配合使用的商品数量时不会引起效用的增加，故无差异曲线表现为直角型的折线。

在效用水平保持不变的前提下，商品相对价格的变动对消费者消费选择的影响称为替代效应。

4.2.4 理性支出原则图解

消费者在既定约束条件下按理性支出原则选购的商品组合能使消费者达到最大的满足程度。现在把无差异曲线与预算线结合起来用图示的方法分析消费者效用最大化条件下的消费选择，可以更直观地理解该原则或实现消费者均衡的条件。

无差异曲线反映了消费者对不同商品组合的主观态度，而预算线则表明了消费者有支付能力的商品组合这一客观条件，两者放在一起就能决定消费者的最优选择——预算线与无差异曲线切点处的商品组合，如图 4-10 所示。

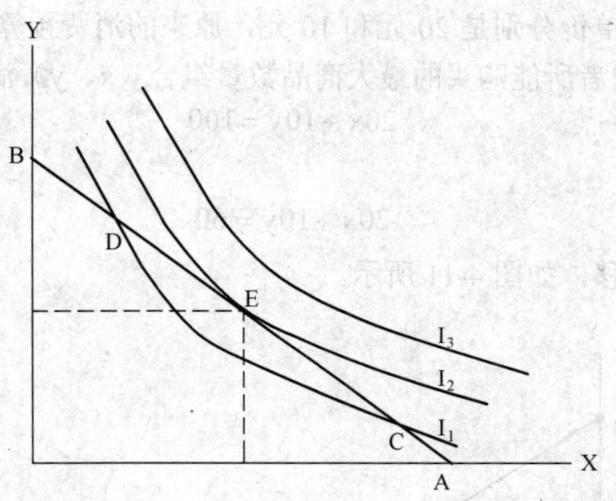

图 4-10 消费者的最优选择

横轴表示商品 X 的数量，纵轴表示商品 Y 的数量。I_1、I_2、I_3 为三条无差异曲线，它们效用大小的顺序为 $I_1<I_2<I_3$。AB 为消费可能线，AB 线与 I_2 相切于 E，切点 E 对应的商品组合就是消费者在既定消费预算下所能获得的效用最大化的最优决策。

为什么消费者的最优决策点恰是预算线与无差异曲线的切点处？即图 4-10 中预算线为 AB 的消费者只有在 E 点处才能实现效用最大化呢？答案在于，若预算线 AB 与某无差异曲线有两个交点，如与 I_1 有交点 C、D，则 C 或 D 对应的商品组合显然不能使消费者的效用达到最大，而与代表较高效用水平的无差异曲线 I_3 无交点，意味着无差异曲线 I_3 的效用是无法达到的。预算线为 AB 的消费者必可与另一条凸向原点并且离原点较 I_1 更远的无差异曲线相交，效用随之增加，直至预算线 AB 与无差异曲线 I_2 相切为止。

在点 E 处，预算线与无差异曲线切线的斜率正好相等。预算线的斜率是两种商品的价格比，无差异曲线切线的斜率是商品的边际替代率，因此有：

$$MU_X/MU_Y=P_X/P_Y$$

调整得：

$$MU_X/P_X=MU_Y/P_Y$$

所以，基数效用论下得出的消费者均衡实现的条件或理性支出原则也可以在序数效用论下得到。由于商品的边际替代率可以表示为两种商品的边际效用之比，即商品 X 相对商品 Y 的边际替代率 $MRS_{XY}=MU_X/MU_Y$，因此，两种商品的消费者均衡条件边际效用之比等于两种商品的价格之比，也可理解为商品 X 相对商品 Y 的边际替代率应该等于商品 X 与商品 Y 的价格比。

4.3 消费者选择的变动

4.3.1 预算线的变动

消费预算或商品价格的变化会导致预算线发生变动，平移和旋转是预算线变动的两种形式。

例如商品 X、Y 的单价分别是 20 元和 10 元，原来的消费预算为 100 元，若消费预算现在减少为 40 元，则消费者所能购买的最大商品数量组合（x、y）满足方程：

$$20x+10y=100$$

变成了满足方程：

$$20x+10y=60$$

预算线就发生了平移，如图 4-11 所示。

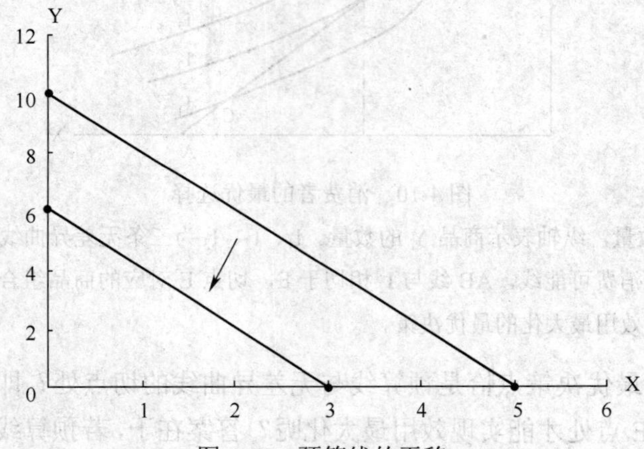

图 4-11　预算线的平移

横轴表示商品 X 的数量，纵轴表示商品 Y 的数量。当消费预算从 100 元降到 40 元时，预算线向下发生了平移。

若消费预算为 100 元，但是商品 X 的单价从原来的 20 元变成了 30 元，则消费者所能购买的最大商品数量组合（x、y）满足方程：

$$30x+10y=100$$

若以横轴表示商品 X 的数量，纵轴表示商品 Y 的数量，则预算线就发生了旋转，具体见图 4-12（a）所示。

若消费预算为 100 元，但是商品 Y 的单价从原来的 10 元变成了 20 元，则消费者所能购买的最大商品数量组合（x、y）满足方程：

$$20x+20y=100$$

预算线也发生了旋转，如图 4-12（b）所示。

若消费者的消费预算或收入以及两种商品的价格 P_X 和 P_Y 都发生了变化，则预算线不但会发生平移，而且还会发生旋转。

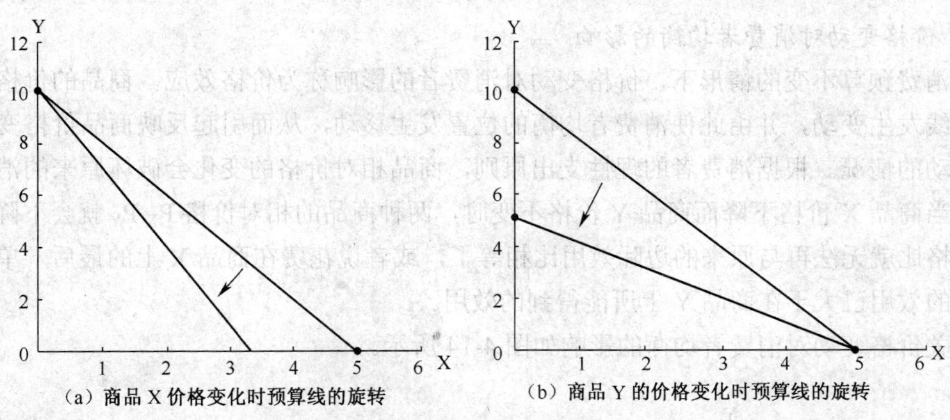

图 4-12　预算线的旋转

当商品 X 的单价从原来的 20 元上升为 30 元，而消费预算和商品 Y 的价格不变时，预算线发生的旋转。

当商品 Y 的单价从原来的 10 元上升为 20 元，而消费预算和商品 X 的价格不变时，预算线发生的旋转。

4.3.2　消费者选择的变动

1．收入变动对消费者的影响

收入变动对消费者的影响称为收入效应。通过考察消费者收入变动对商品需求量的影响，可以计算收入效应的大小。收入效应有正有负，需求量随消费者收入增加而增加的商品的收入效应为正，消费者收入增加时需求量反而减少的商品的收入效应则为负。收入效应的正负是区分正常品与低档品的依据。正常品是指收入效应为正的商品，即需求量随消费者收入增加而增加的商品；低档品是指收入效应为负的商品，即需求量随消费者收入增加而减少的商品。

以货币衡量的消费者收入可以区分为名义收入和实际收入。在名义收入不变的条件下，物价下跌，消费者的实际收入就增加；反之，实际收入就会减少。实际收入水平代表了消费者的实际购买能力。

在消费预算支出与收入同向变化的前提下，假定其他条件如消费者的偏好、商品的价格等都固定不变，为考察实际收入变动对消费者的影响，图 4-13 给出了在此情形下当消费者收入增加时预算线以及消费者选择的变化情况。

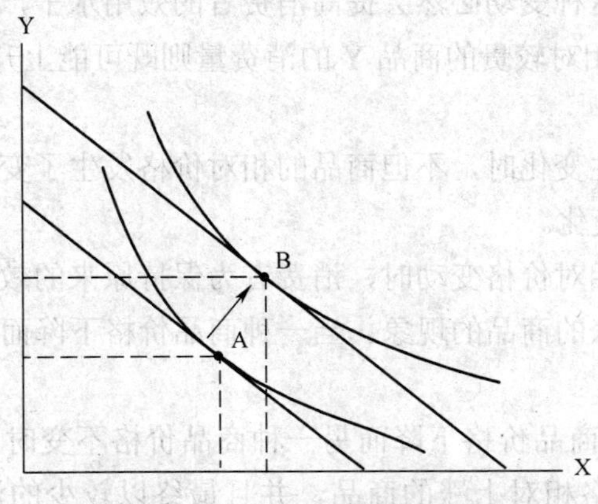

图 4-13　收入增加对消费者的影响

横轴表示商品 X 的数量，纵轴表示商品 Y 的数量。当消费者支出随收入增加而增加时，预算线会向上平移，消费者效用最大化的均衡点或最优决策点会从 A 变动到新预算线与较高的消费者等效用线的切点 B 处。

2. 价格变动对消费者均衡的影响

在消费预算不变的情形下，价格变动对消费者的影响称为价格效应。商品的价格变化会使预算线发生变动，并由此使消费者均衡的位置发生移动，从而引起反映商品价格变化的需求量变动的情况。根据消费者的理性支出原则，商品相对价格的变化会破坏原来的消费者均衡。如当商品 X 价格下降而商品 Y 价格不变时，两种商品的相对价格 P_X/P_Y 就会下降，这时新的价格比就无法再与原来的边际效用比相等了，或者说花费在商品 X 上的最后一单位货币所得到的效用已大于在商品 Y 上所能得到的效用。

有关价格变动对消费者均衡的影响如图 4-14 所示。

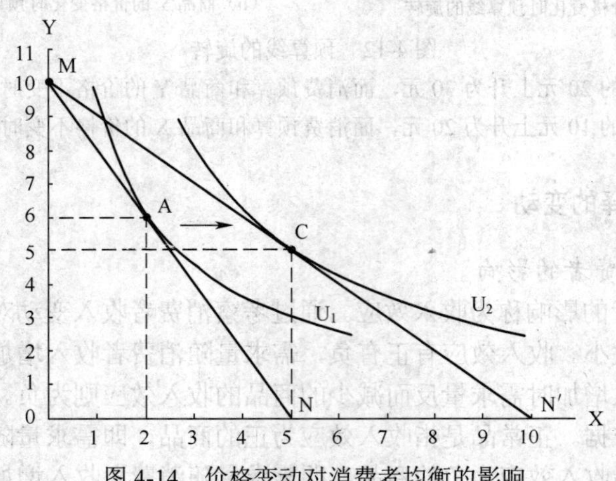

图 4-14 价格变动对消费者均衡的影响

当商品 X 的价格从 6 元下降到 3 元，而商品 Y 的价格和消费预算保持不变时，预算线会从 MN 旋转到 MN′。若消费者新的最优消费组合为点 C，则价格效应使均衡点从 A 点变动到了 C 点，即在增加 3 单位 X 商品的同时，减少了 1 单位 Y 商品的消费量。根据需求规律，消费者必然增加价格比较便宜的商品 X 的消费，效用水平也随之提高，但不一定会减少商品 Y 的消费量。

图 4-14 表明，在消费预算不变情形下，当商品 X 价格下降而商品 Y 价格不变时，价格效应使均衡发生了变动。这种变动必然会提高消费者的效用水平，并且还会增加价格较便宜的商品 X 的消费量，但是相对较贵的商品 Y 的消费量则既可能上升也可能下降。

3. 价格效应的分解

当一种商品的价格发生变化时，不但商品的相对价格发生了变化，而且还意味着消费者的实际收入水平也发生了变化。

替代效应是指当商品相对价格变动时，消费者为保持原来的效用水平而增加降价商品的购买量以代替价格相对上涨的商品的现象。当一种商品价格下降而另一种商品价格不变时的替代效应如图 4-15 所示。

图 4-15 说明了当一种商品价格下降而另一种商品价格不变时，消费者能够通过增加降价商品的购买量以替代价格相对上涨的商品，并且最终以较少的消费支出获得了同样的效用水平。

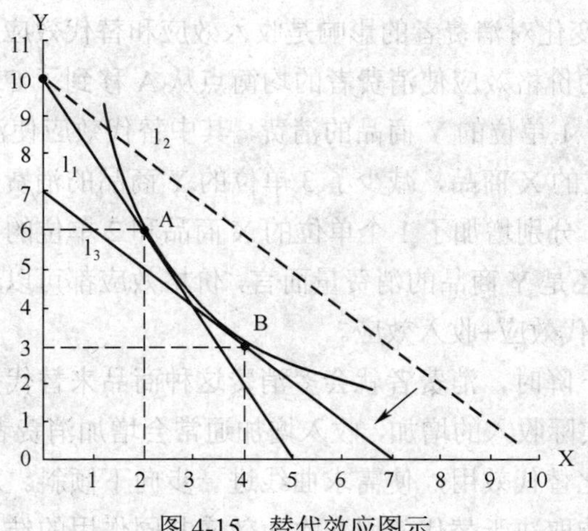

图 4-15 替代效应图示

当商品 X 的价格从 6 元下降到 3 元而消费支出与商品 Y 的价格不变时，预算线会从 l_1 旋转到虚线 l_2。若商品 X 价格下降后的消费支出减少到 21 元，则新的预算线为 l_3。如果消费支出减少到 21 元恰好能够使消费者维持原来的效用水平，即预算线 l_3 与经过消费者原来的最优选择点 A 的等效用线相切，那么就称消费者的最优选择从点 A 变到点 B（增加了 2 单位的 X 商品以替代 3 单位的 Y 商品）是商品 X 价格下降所引起的替代效应。

现在假定将消费支出恢复到原来的水平，进一步考察在商品价格不变的情形下实际收入的变动对消费者的影响。这种因商品价格变动所引起的实际收入水平变动对消费者商品需求量的影响也称为收入效应。因此，商品相对价格的变动对消费者选择的影响（即价格效应）可分解为替代效应和收入效应。有关价格效应的分解，具体如图 4-16 所示。

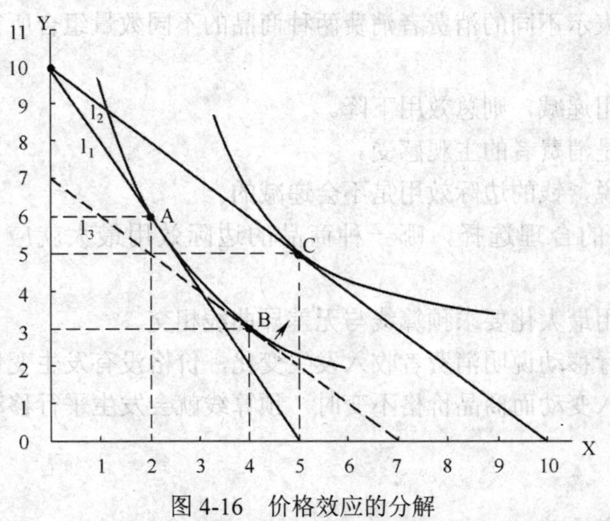

图 4-16 价格效应的分解

根据图 4-15，商品 X 价格下降所引起的替代效应是消费者的均衡点从 A 变到了 B。现在将消费者的支出水平恢复到原来的 30 元，则新的预算线为 l_2，若新的均衡点为 C，则均衡点从点 B 移动到点 C（增加了 1 单位的 X 商品和 2 单位 Y 商品的消费量）就称为商品 X 价格的下降使消费者实际收入增加所引起的收入效应。本例中，商品 X 价格下降所引起的价格效应（均衡点从 A 移到了 C）可分解为消费者效用水平不变条件下的替代效应（均衡点从 A 移动到了 B）以及消费者实际收入增加所引起的收入效应（均衡点从从 B 移动到了 C）。

图 4-16 表明，价格变化对消费者的影响是收入效应和替代效应共同作用的结果。商品 X 价格从 6 元下降到 3 元的价格效应使消费者的均衡点从 A 移到了 C，其结果是消费者增加了 3 单位的 X 商品，减少了 1 单位的 Y 商品的消费，其中替代效应使消费者的均衡点从 A 移动到了 B，增加了 2 个单位的 X 商品，减少了 3 单位的 Y 商品的消费；收入效应则使消费者的均衡点从 B 移动到了 C，分别增加了 1 个单位的 X 商品和 2 单位的 Y 商品的消费。因此，无论是从 X 商品的消费量还是 Y 商品的消费量而言，价格效应都可以表示为替代效应与收入效应之和，即价格效应=替代效应+收入效应。

当一种商品的价格下降时，消费者就会多消费这种商品来替代另一种商品。由于商品价格的下降意味着消费者实际收入的增加，收入增加通常会增加消费者对商品的需求量，因此，正常品的收入效应会强化替代效用，使需求曲线进一步向下倾斜。对于低档品而言，商品价格的下降对需求量的影响取决于替代效用和收入效应共同作用的结果。商品价格下降时的替代效应会增加该商品的需求量，但是降价也有使需求量减少的负的收入效应，收入效应在一定程度上会抵消替代效应。如果负的收入效应超过了替代效应，需求曲线就会向上倾斜，不过这种情况在现实中一般不会出现。

学习自测 4

一、判断题

1．同一杯水具有相同的效用。（　）

2．无差异曲线表示不同的消费者消费两种商品的不同数量组合所得到的效用是相同的。（　）

3．如果边际效用递减，则总效用下降。（　）

4．消费者剩余是消费者的主观感受。（　）

5．对所有人来说，钱的边际效用是不会递减的。（　）

6．作为消费者的合理选择，哪一种商品的边际效用最大就应当选择哪一种商品。（　）

7．消费者的效用最大化要求预算线与无差异曲线相交。（　）

8．预算线的平行移动说明消费者收入发生变化，价格没有发生变化。（　）

9．当消费者收入变动而商品价格不变时，预算线就会发生平行移动。（　）

二、单选题

1．消费者均衡意味着（　）。

A．消费者花费的货币额最小

B．消费者购买了其希望购买的全部商品

C．消费者在既定收入条件下购买了给其提供最大效用的商品组合

D．消费者在既定收入条件下购买的各种商品都分别是市价最低的

2．预算线以同横轴（代表 X 商品量）的交点为轴心，按顺时针方向运行，说明（　）。

A．X 价格下降　　B．X 价格上升

C．Y 价格下降　　D．Y 价格上升

3．设某消费者仅消费 X、Y 两种商品，其价格分别为 8 角、2 元，已知达到消费者均衡时消费的 X 为 5 件，第 5 件提供的边际效用为 16 单位，则这时消费的最后一单位 Y 提供的边际效用为（　）。

A．40　　B．4

C．20　　D．25

4．总效用达到最大时，（　）。

A．边际效用为零　　B．边际效用最大

C．边际效用为负　　D．边际效用为正

5．序数效用论认为，商品效用的大小（　）。

A．取决于它的使用价值　　B．取决于它的价格

C．不可比较　　D．可以比较

6．消费者剩余是消费者的（　）。

A．实际所得　　B．主观感受

C．变相所得　　D．实际损失

7．消费者剩余意味着（　）。

A．消费者得到了实际货币利益

B．消费者支付的货币额比他愿支付的数额小

C．消费者获得的效用超出他原本预期的效用

D．消费者购买的商品的数量比他原本打算购买的多

8．已知 X 商品的价格为 5 美元，Y 商品的价格为 2 美元，如果消费者从这两种商品的消费中得到最大效用时，商品 Y 边际效用为 30，那么此时 X 商品的边际效用为（　）

A．60　　B．45

C．150　　D．75

9．预算线的位置和斜率取决于（　）。

A．消费预算　　B．消费预算和商品价格

C．消费者的偏好　　D．消费者的偏好、消费预算和商品价格

10．若消费者的消费低于他的预算线消费，则消费者（　）。

A．没有完全用完预算支出　　B．用完了全部预算支出

C．或许用完了全部预算支出　　D．处于均衡状态

11．无差异曲线的形状取决于（　）。

A．消费者偏好　　B．消费者收入

C．所购商品的价格　　D．商品效用水平的大小

12．无差异曲线为斜率不变的直线时，表示相应的两种商品之间的关系是（　）。

A．可以替代的　　B．完全替代的

C．互补的　　D．互补相关的

13．同一条无差异曲线上的不同点表示（　）。

A．效用水平不同，但所消费的两种商品组合比例相同

B．效用水平相同，但所消费的两种商品的组合比例不同

C．效用水平不同，两种商品的组合比例也不相同

D．效用水平相同，两种商品的组合比例也相同

14．商品 X 和 Y 的价格按相同的比例上升，而收入不变，预算线（　　）。

A．向左下方平行移动　　B．向右上方平行移动

C．顺时针转动　　D．逆时针转动

15．某低档商品的价格下降，在其他情况不变时，（　　）。

A．替代效应和收入效应相互加强导致该商品需求量增加

B．替代效应和收入效应相互加强导致该商品需求量减少

C．替代效应倾向于增加该商品的需求量，而收入效应倾向于减少其需求量

D．替代效应倾向于减少该商品的需求量，而收入效应倾向于增加其需求量

三、简答题

1．什么是效用？基数效用论认为比较效用大小的标准是什么？

2．简述基数效用论和序数效用论的区别。

3．什么是边际效用和边际效用递减规律？简要分析边际替代率递减的原因。

4．无差异曲线有哪些特征？

5．请解释亚当·斯密提出的“价值之迷”——水的使用价值很大，而交换价值却很小；钻石的使用价值很小，但交换价值却很大。

四、计算题

1．如图 4-17 所示，已知某消费者的预算线及他的一条无差异曲线。如果商品 A 的价格是 50 元，那么：

（1）该消费者在商品 X 和 Y 上的消费预算是多少？

（2）商品 B 的价格是多少？

（3）预算线方程怎么表示？

（4）均衡状态下的边际替代率是多少？

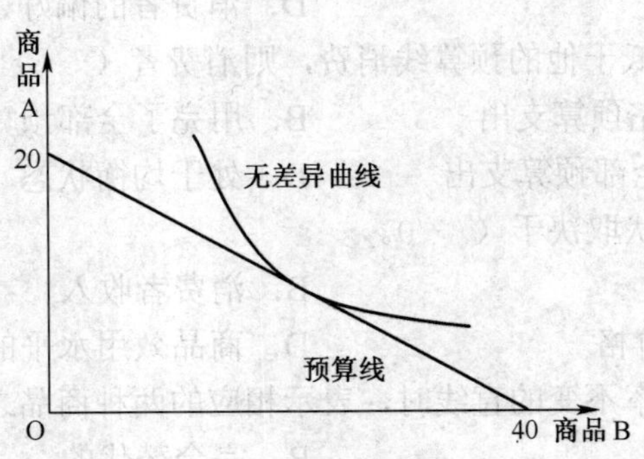

图 4-17　某消费者的预算线和无差异曲线

2．假设某消费者将其全部收入都用于购买商品 X 和商品 Y，每种商品的边际效用都独立

于所消费的另外一种商品量，边际效用与消费量的关系如表 4-6 所示。商品 X 和商品 Y 的价格分别是 100 元和 500 元，如果该消费者的每月收入（等于消费支出）为 1000 元，他应该购买的每种商品的数量是多少？

表 4-6　X、Y 商品的边际效用随消费量变化情况表

商品消费量	1	2	3	4	5	6	7	8
X	20	18	16	13	10	6	4	2
Y	50	45	40	35	30	25	20	15

学习任务5　生产与成本

学习导入

到目前为止，有关供给的主要内容只是介绍了供给法则，即在其他条件不变的情形下，商品的供给量与其价格呈同向变化关系。正如需求来自于消费者，取决于消费者的行为一样，供给来自于生产者，取决于生产者的行为。生产几乎无处不在，与生产形影不离的是成本。这里将通过对成本系统的分析，在明确机会成本与经济利润这两个基本概念的基础上，较详细地考察企业的行为，分析商品供给的决定及其变化，以便我们了解市场是如何决定商品或劳务的供给，更好地理解供给曲线背后的决策。通过本单元的学习，你将进一步认识“某种东西的成本是为了得到它而放弃的东西”以及“理性人考虑边际量”这两个经济学原理的重要性。

5.1　企业及其基本经济问题

5.1.1　企业的目标及其组织形式

1. 企业的目标

被称为硅谷之父的惠普创始人比尔·休利特说过，惠普从来没有把利润最大化作为经营目标，但也从来没有把利润放在所有考虑问题之外。休利特认为：培养和发展忠诚的客户、合理的利润、行业领导地位、持续增长、员工发展和社会责任等都是惠普的经营目标，这些目标如同齿轮一样紧紧咬合在一起，牵一发而动全局。虽然不同企业会有不同的目标，同一企业在不同时期也会制定不同的目标，但是西方经济学认为，利润最大化是企业的基本目标，其他目标只是达到这一目标的手段，于是利润最大化就成了分析企业行为的前提。为实现利润最大化，企业面临着多方面的约束，如市场、资金、信息、生产技术和人力资源等。

2. 企业的组织形式

企业的组织形式反映了企业的性质、地位、作用和行为方式。在市场经济中，企业的组织形式一般有三种：个人业主制、合伙制和股份制公司。

个人业主制企业是指由个人出资兴办并经营的企业，它的特点在于所有者和经营者是同一个人。

合伙制企业是由两个及两个以上的企业主共同出资，为了利润共同经营，并归若干企业主共同所有的企业。合伙人出资可以是资金、实物或是知识产权。

公司制企业是由许多人集资创办并且组成一个法人的企业。公司是法人，在法律上具有独立的人格，是能够独立承担民事责任、具有民事行为能力的组织。

股份制公司又可分为无限责任公司、有限责任公司、两合公司和股份两合公司这几种形式。公司制企业在市场经济中占主导地位。无限责任公司是由两个及两个以上负无限责任的股东出资组成，股东对公司债务负连带无限清偿责任的公司。英美法系不承认这种公司为公司法人，而大陆法系则承认这种公司为公司法人。有限责任公司是指由两个及两个以上股东共同出资，每个股东以其所认缴的出资额对公司承担有限责任，公司以其全部资产对其债务承担责任的企业法人。两合公司是由少数有限责任股东和少数无限责任股东共同组成的公司。股份两合公司是指由一人以上的无限责任股东和一定人数及以上的有限责任股东出资组成的法人企业。

5.1.2 几个重要的成本概念

企业为了实现利润最大化，不仅要考虑产品产出与资源投入之间的物质技术关系，还要考虑成本与收益之间的经济关系。值得注意的是，经济学中的成本概念与会计学上的成本概念不同，不能将其混为一谈。

1. 机会成本与会计成本

经济学的十大原理之二是指某种东西的成本是为了得到它所放弃的东西。所谓机会成本是指企业将一定资源用于某种用途时所放弃的其他各种用途中的最大收入，或者是将一定资源保持在这种用途上必须付出的代价。

经济学从稀缺资源配置的角度来研究生产一定数量某种产品所须付出的代价，这意味着必须用机会成本概念来研究企业的生产成本。机会成本概念被广泛地应用于企业的决策分析。会计成本是指企业在经营过程中实际发生的一切费用，可通过会计账目反映出来，包括工资、利息、土地和房屋的租金、原材料费用和折旧等。经济学中生产成本概念与会计成本概念的区别在于，后者不是从机会成本而是从各项直接费用的支出来统计成本的。

例如，当一个企业决定将 1 吨原油用作燃料发电时，就不能再用这 1 吨原油生产化纤等其他产品。假定原油价格为 1000 元，可发电 1000 度，可生产化纤 500 千克，化纤收入是各种产品中最高的，则用 1 吨原油发电的机会成本就是 1 吨原油所能生产的化纤。假定化纤价格为 10 元每千克，则用货币表示的每度电的机会成本是 5 元，而会计成本仅为 1 元。

2. 显性成本和隐性成本

企业的生产成本可以分为显性成本和隐性成本。

显性成本就是一般会计学上的成本概念，是指企业在生产要素市场上购买或租用所需要的生产要素的实际支出，这些支出在会计账目上作为成本项目记入账上的各项费用支出。它包括企业支付所雇佣的管理人员和工人的工资、所借贷资金的利息、租借土地、厂房的租金以及用于购买原材料或机器设备、工具和支付交通能源费用等支出的总额，即企业对投入要素的全部货币支付。

隐性成本是对企业自己拥有的，且被用于该企业生产过程的那些生产要素的费用。这些费用并没有在企业的会计账目上反映出来，所以称为隐性成本。例如企业将自有的房屋建筑作为厂房，在会计账目上并无租金支出，属于隐性成本。但西方经济认为，既然租用他人的房屋需要支付租金，那么当使用企业自有房屋时，也应支付这笔租金，所不同的是这时企业是向自己支付租金。

3. 沉没成本与可回收成本

已经发生的会计成本中，有的如办公楼、汽车和计算机等可以通过出售或出租方式在很大程度上加以回收，属于可回收成本；有的则不可能回收，属于沉没成本。沉没成本如广告成本，在办公楼顶装设企业标志的成本、按企业特殊要求设计的专用设备等。

经济学家对沉没成本的基本态度是：企业进行面向未来决策时不应考虑沉没成本。例如，当未来市场和赢利等条件预期表明企业应当从某个市场退出时，不应该因为广告和其他沉没成本支出而改变或推延退出的决策。

5.1.3 经济利润与正常利润

经济学中的利润概念是指经济利润，等于总收入减去总成本的差额，总成本既包括显性成本也包括隐性成本。因此，经济学中的利润概念与会计利润不一样。

从前面的介绍已经知道，隐性成本是指稀缺资源投入任一种用途中所能得到的正常的收入，如果在某种用途上使用经济资源所得的收入还抵不上这种资源正常的收入，该企业就会将这部分资源转向其他用途以获得更高的报酬。因此，经济学中隐性成本又被称为正常利润。将会计利润再减去隐性成本，就是经济学中的利润概念，即经济利润。企业所追求的就是最大的经济利润。可见正常利润相当于中等的或平均的利润，它是生产某种产品所必须付出的代价。

经济利润可以为正、负或零。在经济学中经济利润对资源配置具有重要意义。如果某一行业存在正的经济利润，这意味着该行业内企业的总收益超过了机会成本，生产资源的所有者将要把资源从其他行业转入这个行业中，因为他们在该行业中可能获得的收益，超过该资源的其他用途。反之，如果一个行业的经济利润为负，生产资源将要从该行业退出。经济利润是资源配置和重新配置的信号。正的经济利润是资源进入某一行业的信号，负的经济利润是资源从某一行业撤出的信号，只有经济利润为零时，企业才没有进入某一行业或从中退出的动机。

上述利润与成本之间的关系可用下列公式表示：

会计利润=总收益-成本

正常利润=隐性成本

经济利润=总收益-机会成本=总收益-（成本+正常利润）

5.2 生产要素的合理投入与组合

5.2.1 企业决策的时间框架

任何企业都要作出一些关系到企业经营成败和生存问题的重大决策，这些决策一旦作出，往往难以改变或者不可能改变。为了研究企业产量决策与成本之间的关系，经济学中依据能否变动全部生产要素投入的数量划分了短期和长期两种决策的时间框架。

短期是指至少有一种生产要素的数量是固定不变的时期；而长期则是指全部生产要素的数量都可以变动的时期。短期中投入的生产要素分为可变要素和固定要素两大类，可以对投入量进行调整的生产要素称为可变要素，如制造产品的劳动、原料、材料等；不能对投入量进行调整的生产要素称为固定要素，如厂房、机器、设备等。在一定时期内，可变要素随产量的变动而变化。长期中不存在固定要素和可变要素的区别，企业可以根据需求状况和企业的经营状况，扩大或缩小企业的生产规模，乃至进入或退出一个行业。

由于长期是指所有生产要素均可以调整的时期，而短期是指部分生产要素可以调整的时期，因此，在长期一切成本都是可变的，而在短期则有固定成本和可变成本之分。固定成本是企业投入的固定要素的成本，它不随产量的变化而变化；可变成本是企业投入可变要素的成本，它随产量的变化而变化。

这里侧重分析短期内可变要素投入变动对企业经济效益的影响。

5.2.2 生产要素与生产函数

1. 生产要素的含义及其种类

生产是利用各种方法或手段对各种生产要素进行组合以制成产品的过程，企业是从事产品生产经营活动的主体。生产要素是指企业在生产中所使用的各种资源，这些资源可以分为劳动、资本、土地与企业家才能四大类。劳动是指劳动者所提供的服务，可以分为脑力劳动与体力劳动；土地是指生产活动所需的稀缺性自然资源；资本是指生产活动中所使用的人们过去劳动的产物，厂房、设备、原材料、商标、技术专利以及生产中需要的货币量都是属于资本的范畴；企业家才能是指企业家对整个生产过程的组织与管理工作的能力，利用企业家才能可以把劳动、土地、资本组织起来，使之为企业创造财富或利润。

2. 生产函数

生产要素的各种数量组合和它所能生产出来的产量之间存在着一定的依存关系，即在生产技术给定的条件下，在一定时期内最大产出量与生产要素的投入量之间的物质数量关系。这种生产要素的数量组合和它所能生产出来的最大产量之间的依存关系可以通过企业表、数学模型等形式进行表示。

为便于分析生产要素与产量之间的数量关系，假定难以估算的企业家才能和土地为固定要素，记 L、K 分别表示劳动和资本数量时，由于一定期间内在生产技术不变条件下，任一 L、K 的组合都对应了它所能提供的最大产出量 Q，因此，此时的生产函数可表示为：

$$Q = f(L,K)$$

若进一步假定企业的资本投入固定不变，只有劳动投入是可变要素，则劳动投入与最大产出之间的关系就可表示为：

$$Q = f(L)$$

5.2.3 生产要素报酬递减规律

在图 5-1 中，灰色部分的高度表示劳动的边际产量，该图显示了总产量和边际产量的变动情况。

虽然不同的企业或产品会有各自不同的总产量曲线和边际产量曲线，但是边际产量曲线都有相似的形状，都会呈现出先递增，然后递减甚至为负的现象。这种在其他投入不变，单一增加某一可变要素的投入量，该要素的边际产量最终会逐步减少的现象称为生产要素的报酬递减规律，又称边际产量递减规律。

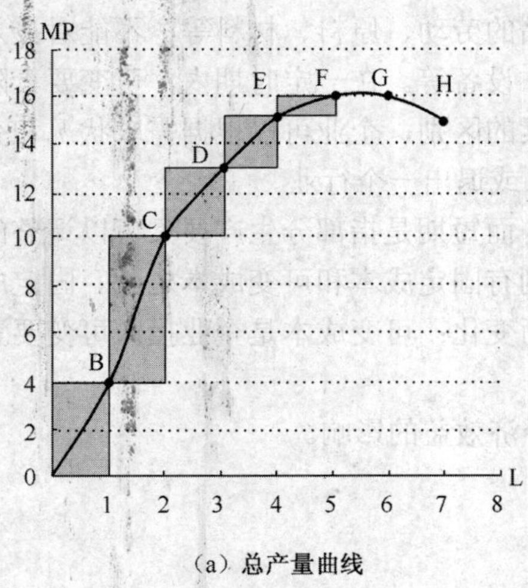

（a）总产量曲线

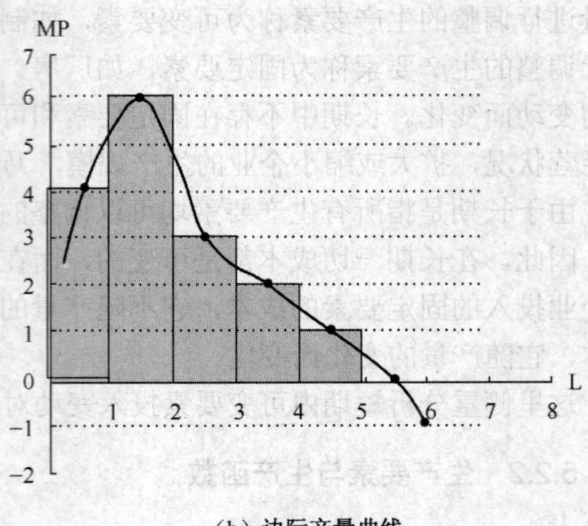

（b）边际产量曲线

图 5-1　总产量和边际产量

生产要素的报酬递减规律是生产理论的基础，与需求规律和边际效用递减规律一样，是经济学中的一条重要规律。在雇佣工人数量较少时，工人之间的劳动协作和配合可能会使劳动效率更快提高，从而使新增加工人带来的产出增加数量大于此前每个工人能够创造的产出数量，结果使边际成本在产出数量较低的阶段下降。随着雇佣工人人数增加，更多的工人在一个加工厂干活，给定设备和厂房面积等固定投入条件，会出现“窝工”现象，劳动边际收益递减规律发生作用，使得劳动边际产出下降。

需要注意的是，首先，生产要素报酬递减规律是以既定生产技术条件为前提的，技术进步会改变报酬递减的速度甚至使该规律失效。例如马尔萨斯曾有一个著名的预言：由于土地报酬递减限制了农产品数量，而人口又在不断地增长，因此最终会有人挨饿、出现饥荒。但是由于没有考虑到技术的潜在影响，马尔萨斯的预言失败了。其次，在此之前，由于可变生产要素的增加可使固定生产要素逐渐得到充分利用，因此，可变生产要素投入的初始阶段会出现边际产量递增的现象。随着可变要素的继续增加，固定生产要素已接近于充分利用，可变生产要素的增加已不能像刚开始时那样使产量迅速增加，此时就会出现边际产量递减。当可变生产要素再增加到固定生产要素已经得到充分利用时，可变生产要素的再增加只会降低生产效率，减少总产量，即边际产量出现负值。

5.2.4　只有一种可变要素时的合理投入区间

为了考察当只有一种可变要素时的合理投入区间，先从考察总产量、平均产量和边际产量之间的关系开始。

总产量（Total Product，TP）是既定投入要素下用实物单位衡量的最大产出量。当只有劳动投入是可变要素时，若记一定期间内在既定生产技术条件下的总产量为 TP，则劳动投入量为 L 时的总产量可表示为：

$$TP = f(L)$$

平均产量（Average Product，AP）指平均每单位生产要素投入的产出量，计算公式为：

$$AP = TP/L = f(L)/L$$

边际产量（Marginal Product，MP）是指每增加一单位可变要素劳动的投入量所引起的总产量的变动量。

若记 ΔTP 是劳动投入增量 ΔL 下总产量的改变量，则有：

$$MP = \Delta TP/\Delta L \text{ 或者 } MP = dTP/dL$$

为便于进一步理解总产量、平均产量和边际产量以及三者之间的关系，假设已知在某产品的生产中雇佣劳动力及其相应的总产量情况，就可以计算出相应的边际产量和平均产量，结果如表 5-1 所示。

表 5-1　总产量、平均产量和边际产量

序号	劳动 L（人/天）	总产量 TP（件）	边际产量 MP（件）	平均产量 AP（件/天）
A	0	0		/
B	1	4	4	4
C	2	10	6	5
D	3	13	3	4.33
E	4	15	2	3.75
F	5	16	1	3.20
G	6	16	0	2.67
H	7	15	-1	2.14

根据表 5-1 中的数据，可绘制总产量、平均产量和边际产量曲线，如图 5-2 所示。

如图 5-2 所示，总产量、平均产量和边际产量的关系可概括如下：

（1）AP 是 TP 上的点与原点连线的斜率，当连线与 TP 曲线相切时，AP 达到最大。

（2）MP 是 TP 曲线的斜率，只要 MP 是正的，TP 总是增加的；当 MP=0 时，TP 最大。

（3）MP 和 AP 相交于 AP 曲线的最高点。当 MP>AP 时，AP 曲线上升，当 MP<AP 时，AP 曲线下降，MP 自上而下穿过 AP 曲线的最高点。

根据总产量、平均产量和边际产量的变化情况，我们可以根据可变要素的投入量把短期生产划分为Ⅰ、Ⅱ、Ⅲ三个阶段。

第Ⅰ阶段：劳动投入小于 L_1 阶段。在这一阶段中，劳动的边际产量始终大于平均产量，但劳动的平均产量和总产量都在上升，且劳动的平均产量达到最大值。说明在这一阶段，可变生产要素相对于不变生产要素投入量显得过小，不变生产要素的使用效率不高，因此，生产者增加可变生产要素的投入量就可以增加总产量。因此，生产者将增加生产要素投入量，把生产扩大到第Ⅱ阶段。

第Ⅱ阶段：劳动投入介于 L_1 何 L_2 阶段。该阶段劳动的边际产量小于劳动的平均产量，从而使平均产量递减。但由于边际产量仍大于零，所以总产量仍然连续增加，但增加的速度在放缓。在这一阶段的起点 L_1，AP 达到最大，在终点 L_2，TP 达到最大。

第Ⅲ阶段：劳动投入超过 L_2 阶段。在这一阶段，平均产量继续下降，边际产量变为负值，总产量开始下降。

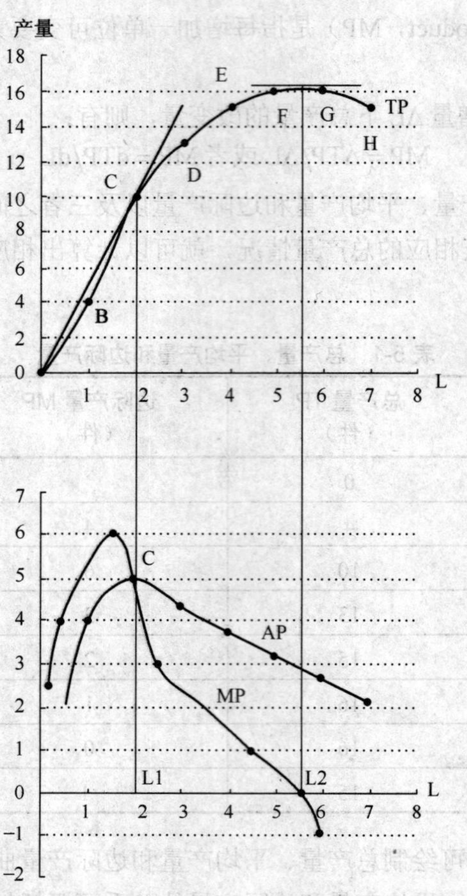

图 5-2　总产量、平均产量和边际产量曲线

显然，理性的生产者不会选择在第Ⅲ阶段进行生产。由于第Ⅰ阶段的边际产量始终大于平均产量，可变要素的投入会不断提高平均产量，因此，可变要素的投入至少会增加到边际产量等于平均产量。由此可见，合理的生产阶段在第Ⅱ阶段，企业应选择在这一阶段进行生产。

5.2.5　多种可变要素时的最优组合

生产要素的最优组合也称为生产者均衡。在生产中，任何一个理性的生产者都会选择最优的生产要素组合进行生产，从而实现利润的最大化。生产要素的最优组合可以从两个不同的方面进行研究：既定成本条件下如何选择可变要素的投入组合以便实现产量最大化，以及既定产量条件下如何选择可变要素的投入组合以便实现成本最小化。

在要素价格和生产技术既定的前提下，无论从以上哪方面进行考察，实现生产要素最优组合的条件类似于消费者均衡的条件，可以表示为：

$$\frac{\text{L 的边际产量}}{\text{L 的价格}}=\frac{\text{K 的边际产量}}{\text{K 的价格}}=\cdots$$

即在任何一种可变生产要素上最后 1 单位货币的投入能够带来相同的产量。

5.3 总成本、边际成本和平均成本

5.3.1 总成本及其变动规律

由于短期有固定成本和可变成本之分，因此，短期总生产成本由固定成本和可变成本这两部分构成。若记企业投入的所有生产要素的总成本为 TC，则 TC 就是总固定成本 TFC 和总可变成本 TVC 之和，即 TC=TFC+TVC，其中 TFC 为常数。根据可变成本的定义，TVC 随产量 Q 的变化而变化，它是 TC 中随产量增加而增加的部分。事实上，TC 在任何两种产量之间的改变量就是 TVC 的改变量，所以，当 Q=0 时，必有 TVC=0，即 TVC 的初始值为零。TC、TFC 和 TVC 随产量变化的情况如图 5-3 所示。

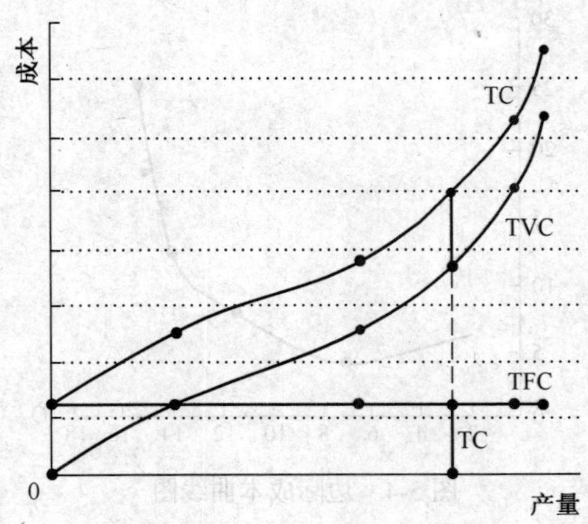

图 5-3 短期总成本、总固定成本和总可变成本的关系

总可变成本 TVC 是产量的函数，可变成本曲线从原点出发，随着产量的增加而增加，其形状与总成本曲线相同。

5.3.2 边际成本及其变动规律

边际成本是新增单位产量所引起的总成本的改变量，是经济学中最重要的概念之一。

若以 MC 表示边际成本，ΔQ 表示产量的增量，ΔTC 表示总成本的改变量，则有：

$$MC = \Delta TC/\Delta Q$$

若再记 ΔTVC 为总可变成本的增量，则有：

$$MC = \Delta TVC/\Delta Q$$

这种边际成本的计算如表 5-2 所示。

根据表 5-2 中的边际成本数据可以绘制图 5-4，边际成本曲线呈现 U 型并且明显向上倾斜的特征。

表 5-2 边际成本计算表

序号	劳动（人/天）	总产量（件/天）	总固定成本 TFC（元/天）	总可变成本 TVC（元/天）	总成本 TC（元/天）	边际成本 MC（元/天）
A	0	0	0	0	25	
B	1	4	4	25	50	6.25
C	2	10	10	50	75	4.17
D	3	13	13	75	100	8.33
E	4	15	15	100	125	12.50
F	5	16	16	125	150	25.00

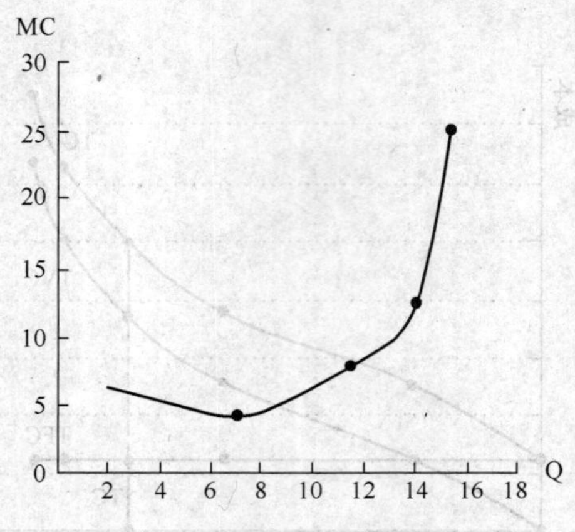

图 5-4 边际成本曲线图

横轴表示总产量，纵轴表示产品的边际成本。

边际成本先降后升，构成 U 型曲线的主要原因是受可变要素的边际产量先递增后递减的影响。边际成本曲线呈现出明显向上倾斜的现象，是受边际产量递减规律作用的结果。

5.3.3 平均成本及其变动规律

平均成本是指平均每单位产品所消耗的成本，短期平均总成本是平均每单位产品所消耗的总成本，由于短期有固定成本和可变成本之分，因此，短期平均总成本也可分为平均固定成本与平均变动成本。平均固定成本是平均每单位产品所消耗的总固定成本，平均变动成本则是平均每单位产品所消耗的总变动成本。

由于总成本是总固定成本和总变动成本之和，即

$$TC = TFC + TVC$$

因此，如果以 AC 表示平均总成本，AFC 表示平均固定成本，AVC 表示平均变动成本，那么，上式每项都除以总产量 Q 就可得：

$$AC = AFC + AVC$$

有关各种平均成本的计算如表 5-3 所示。

表 5-3　各种平均成本计算表

序号	劳动（人/天）	总产量（件/天）	总固定成本 TFC	总可变成本 TVC	总成本 TC	平均固定成本 AFC	平均可变成本 AVC	平均总成本 AC
			（元/天）			（元/件）		
A	0	0	0	0	25	/	/	/
B	1	4	4	25	50	6.25	6.25	12.50
C	2	10	10	50	75	2.50	5.00	7.50
D	3	13	13	75	100	1.92	5.77	7.69
E	4	15	15	100	125	1.67	6.67	8.33
F	5	16	16	125	150	1.56	7.81	9.38

根据表 5-3 和表 5-2 中有关边际成本的数据我们可以绘制图 5-5。

图 5-5 显示 AC 和 AVC 的变化类似，AFC 曲线不断向下倾斜。AFC 曲线不断向下倾斜是因为随着产量的增加，固定成本被分摊到了更多的产量上。由于 AFC 不断接近水平轴倾于零，因此，随着产量的增加 AVC 曲线与 AC 曲线越来越接近，但两者只是距离越来越小而已，AVC 曲线不会穿过 AC 曲线。

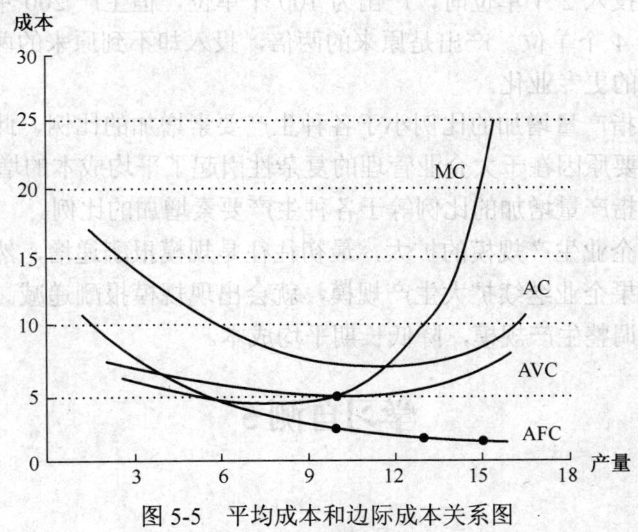

图 5-5　平均成本和边际成本关系图

与 MC 曲线一样，AC 曲线和 AVC 曲线也都呈 U 型。MC 的先降后升使 AVC 开始时也出现了下降，向下倾斜的 AFC 以及下降的 AVC 导致了 AC 的下降。由于受边际产量递减规律的影响， MC 不断扩大，最终会穿过 AVC 曲线和 AC 曲线，并使 MC 与 AVC 和 AC 相交，交点称为它们的最低点，AC 和 AVC 曲线也从此开始向上倾斜。换言之，AVC 和 AC 的最低点分别出现在 AVC=MC 和 AC=MC 时。

平均总成本对应的最小的产量称为企业的有效规模。至于为什么边际成本曲线会与平均总成本曲线相交于企业的有效规模，原因在于当 MC<AC 时，增加产量会降低平均总成本；而当 MC>AC 时，产量的增加就会提高平均总成本，所以平均总成本的最低点必然出现在

AC=MC 时。同理，平均可变成本的最低点也必然出现在 AVC=MC 时。

5.4 利润最大化的原则与规模经济

1. 利润最大化原则

企业利润最大化的原则或条件是边际收益等于边际成本，也就是 MR=MC。由于边际成本只在低产量水平时下降，随着产量的增长，边际成本最终将增加，并且当 MR＞MC 时，增加产量可以增加利润；而当 MR＜MC 时，增加产量将降低利润。因此，通过比较边际成本 MC 和边际收益 MR，我们可得出 MC=MR 是企业利润最大化的必要条件。

边际分析方法是考察企业利润最大化的有效手段。

2. 规模经济

长期中，企业可同时对所有生产要素进行调整。各种要素在调整过程中，可以以不同比例同时变动，也可以按固定比例变动。在生产理论中，常以全部生产要素以相同的比例变化来定义企业的生产规模变化。规模报酬是指在其他条件不变的情况下，各种生产要素按相同比例变动所引起的产量的变动。根据产量变动与投入变动之间的关系，可以将规模报酬分为三种：规模报酬不变、规模报酬递增和规模报酬递减三种情况。

所谓规模经济也就是规模报酬递增，是指产量增加的比例大于各种生产要素增加的比例。如当劳动和资本分别投入 2 个单位时，产出为 100 个单位，但生产 200 单位产量所需的劳动和资本投入分别小于 4 个单位。产出是原来的两倍，投入却不到原来的两倍。规模经济的主要来源是劳动和资本的更专业化。

规模报酬递减是指产量增加的比例小于各种生产要素增加的比例，此时也称为规模不经济。规模不经济的主要原因在于大企业管理的复杂性引起了平均成本的增加。

规模报酬不变是指产量增加的比例等于各种生产要素增加的比例。

一般而言，随着企业生产规模的扩大，最初往往是规模报酬递增，然后可能有一个规模报酬不变的阶段，如果企业继续扩大生产规模，就会出现规模报酬递减。对追求利润最大化的企业而言，可通过调整生产规模，降低长期平均成本。

学习自测 5

一、判断题

1．生产函数指的是要素投入量和最大产出之间的一种函数关系。（ ）

2．生产函数的斜率是边际产量。（ ）

3．边际产出下降必定带来平均产出下降。（ ）

4．一般而言，厂商的隐性成本总是大于该厂商的显性成本。（ ）

5．MC 曲线必与 AC 曲线的某一点相切。（ ）

6．AVC 曲线的最低点总是位于 AC 曲线最低点的左下方。（ ）

7. 如果企业在生产过程中减少了其中一种生产要素的使用量，这种要素的边际产量上升，这时候，生产函数表现出成本递减。（ ）

8．等成本曲线的斜率等于纵轴表示的生产要素 Y 的价格与横轴表示的生产要素 X 的价格之比。 （ ）

9．边际成本大于平均成本，平均成本一定上升。 （ ）

10．只要总产量减少，边际产量一定是负数。 （ ）

二、单选题

1．会计账目一般无法反映（ ）。

A．显性成本　　B．可变成本
C．沉没成本　　D．机会成本

2．经济学中的经济利润是指（ ）。

A．总收益与显形成本之间的差额　　B．正常利润
C．总收益与隐形成本之间的差额　　D．超额利润

3．由企业购买或使用任何生产要素所发生的成本是指（ ）。

A．显形成本　　B．隐性成本
C．变动成本　　D．固定成本

4．固定成本的另外一个名字叫（ ）。

A．分摊成本　　B．边际成本
C．比例成本　　D．总成本

5．总产量曲线达到最高点时（ ）。

A．平均产量曲线仍在上升
B．边际产量曲线与平均产量曲线相交
C．边际产量曲线与横轴相交
D．边际产量曲线在横轴以下

6．下列说法中，错误的一种说法是（ ）。

A．只要总产量减少，边际产量必为负数
B．边际产量减少，总产量不一定减少
C．平均产量最高时与边际产量相等
D．边际产量减少，平均产量也一定减少

7. 如果企业 A 的劳动 L 对资本 K 的边际技术替代率是 1/3，企业 B 的是 2/3，那么（ ）。

A．只有企业 A 的生产成本是递减的
B．只有企业 B 的生产成本是递减的
C．企业 A 的资本投入是企业 B 的两倍
D．如果企业 A 用 3 单位劳动与企业 B 的 2 单位资本相交换，企业 A 的产量将增加

8．等成本曲线平行向外移动表明（ ）。

A．产量提高了　　B．生产要素的价格按相同比例提高了
C．成本增加了　　D．生产要素的价格按不同比例提高了

9．在边际产量发生递减时，如果要增加同样数量的产品，应该（ ）。

A．增加变动生产要素的投入量　　B．减少变动生产要素的投入量
C．停止增加变动生产要素　　D．同比例增加各种生产要素

10．规模报酬递减是在下述（　　）情况下发生的。

A．按比例连续增加各种生产要素

B．不按比例连续增加各种生产要素

C．连续的投入某种生产要素而保持其他生产要素不变

D．上述都正确

11．当生产中的两种生产要素是完全可以替代时，则下列说法正确的有（　　）。

A．边际技术替代率为零　　B．边际技术替代率为无穷大

C．边际技术替代率保持不变　　D．以上三种情况均有可能

12．边际成本递增是（　　）的结果。

A．规模经济　　B．规模不经济

C．收益递增　　D．收益递减

13．已知某企业只有劳动一种要素，当L=2时边际产量达到最大值8，则此时（　　）。

A．平均可变成本达到最大值

B．劳动的总产量达到最大

C．若劳动的工资率w=4时，劳动的边际成本为0.5

D．以上均不正确

三、计算题

1．假设某企业的短期总成本函数 $TC=Q^3-6Q^2+10Q+30$，产量Q单位为箱，成本单位为千元。求：

（1）MC、TVC、AC、AVC。

（2）当企业的边际产量最大时，企业的平均成本为多少？

2．假设某企业的需求函数为 $Q=5000-50P$，其中Q为产量，单位为件，P为价格，单位为元/件。企业的平均成本函数为 $AC=20+6000/Q$。求：

（1）使企业利润最大化的价格与产量是多少？

（2）企业的最大利润是多少？

学习任务6　市场类型与企业决策

如果一个企业可以影响它出售商品的市场价格，那么我们就称该企业拥有市场势力。显然，是否拥有市场势力以及市场势力的大小会影响企业的定价与产量决策。这里将介绍市场类型的划分并将考察不同市场类型下的企业行为，即不同市场类型条件下，追求利润最大化的企业是如何确定其产量及价格的。

6.1 市场类型概述

经济活动离不开市场，研究企业的行为离不开市场环境。为研究现实中的市场，经济学中根据市场竞争与垄断的程度构建了四种市场类型：完全竞争市场、垄断竞争市场、寡头垄断市场和完全垄断市场。各种市场类型在生产者数量、产品差异程度、对价格的控制能力、进入和退出的难易程度方面的基本特征如表6-1所示。

表6-1　市场类型及其基本特征

市场类型	生产者数量	产品的差异程度	对价格的控制能力	进出的难易程度
完全竞争	很多	完全无差别	没有	很容易
垄断竞争	多	有差别	有一些	比较容易
寡头垄断	几个	有差别或无差别	相当程度	比较困难
完全垄断	一个	无相近的替代品	很大程度，常受管制	很困难

完全竞争和完全垄断是两种相互对立的、极端的市场类型，现实生活中很难找到符合这些特征的市场，但是，研究这些理想的市场类型可以使我们了解这些市场条件下出现的各种经济关系，从而有利于我们研究现实市场类型条件下如何完善市场主体的行为，明确政府对垄断行为进行干预、调节的必要性，以及政府干预、调节活动对市场正常运行及对市场主体利益的协调所起的重要作用等。

现实中，某些生产者众、生产单位小且非常分散的农产品市场与完全竞争市场环境比较接近；家用洗涤品市场与垄断竞争比较接近；自来水、电力市场与完全垄断比较接近；成品油、通信、汽车和钢铁市场与寡头垄断比较接近。

6.2 完全竞争市场与产量决策

6.2.1 完全竞争市场的需求、价格和收益

1. 完全竞争市场的特征

（1）产品是同质的。生产者向消费者提供同质的产品，这种产品的无差别不仅指产品的质量、性能，还包括包装、销售条件等各个方面。产品的同质性意味着消费者没有理由偏爱某一企业的产品，也意味着没有任何一家企业拥有任何市场优势。

（2）市场上有大量的消费者和生产者，每一个生产者的销售量与消费者的购买量只占极小的市场份额。由于对整个市场而言，每个消费者或生产者都是微不足道的，没有一个生产者或消费者能影响市场价格，因此，无论卖方还是买方都无法左右市场价格，价格是完全由市场供求关系来决定的，参与市场经济活动的众多经济单位都是价格的接受者。该条件意味着每个生产者面临的需求曲线都是水平的。

（3）企业可以自由进出市场，资源可以自由流动。各种生产要素可以不受任何限制地流动，使得企业可以自由地扩大或缩小生产规模，能够及时退出亏损的行业，向获利的行业转移。

（4）信息是完全的。生产者与消费者对有关商品的各种信息了如指掌，这一条件保证了消费者不可能以较高的价格购买，生产者也不可能以高于现行价格售卖，每一个经济行为主体都可以根据所掌握的完全信息，确定自己最优购买量或最优生产量，从而获得最大的经济利益。

2. 完全竞争市场的需求和收益

在完全竞争市场条件下，对整个行业来说，产品价格由需求与供给所决定，如图 6-1（a）所示。当市场价格确定之后，对个别企业来说，这一价格就是既定的，无论它如何增减产量都不能影响市场价格。因此，对个别企业而言，产品的需求曲线是一条如图 6-1（b）所示的水平线，收益曲线 TR 是如图 6-1（c）所示的从原点出发的直线。产品的售价 P_0 就等于产品的边际收益 MR 和平均收益 AR。

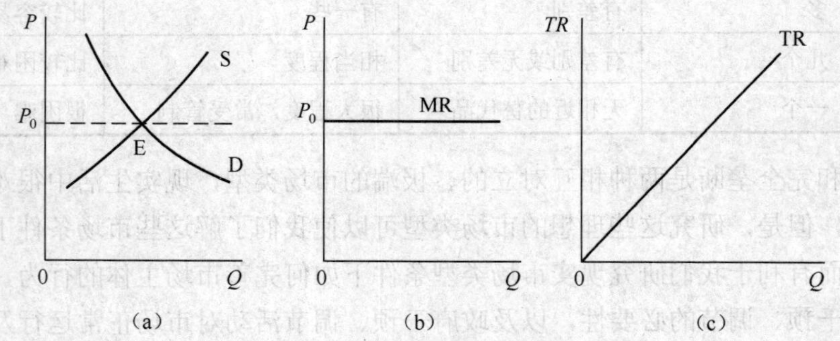

图 6-1　完全竞争市场上的需求曲线与收益曲线

6.2.2 停止营业点和企业短期供给曲线

在完全竞争市场条件下，企业作为市场价格 P 的接受者，可以按此价格出售任意数量

的产品，将依据边际成本的变化来调整产量。只要 MC<P，企业就会不断地增加产量，直到 MC=P 时为止，以求实现利润最大化目标。

在短期内，企业不能根据市场需求来调整全部生产要素。从整个行业来看，有可能出现供给小于需求或供给大于需求的情况。如果供给小于需求，则价格高，如果供给大于需求，则价格低。如图 6-2 所示，在不同市场价格下，企业的最优产出水平并不一定能够给企业带来盈利。

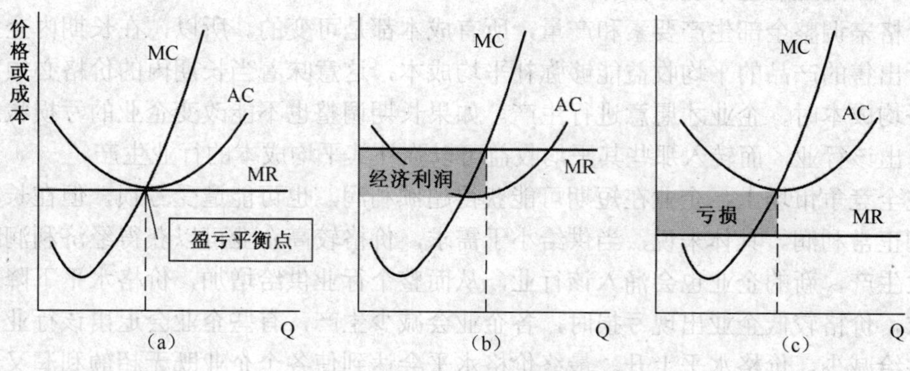

图 6-2 三种可能的利润情况

企业经济利润为零时实现盈亏平衡，经济利润大于零盈利，小于零则亏损。阴影部分面积代表盈利或亏损额。

图 6-2 表明，只有当市场价格大于最低平均总成本时企业才能盈利，否则就会出现亏损。不过，即使企业在较低的市场价格下，也不一定会停止营业。其原因在于短期内的企业无法避免固定成本的发生，企业继续生产的收益在补偿可变成本后，或许还可以抵消部分固定成本，降低亏损额。所以，只要价格高于企业的平均变动成本，即 P>AVC，企业就会选择继续生产。图 6-3 显示了企业停止营业的条件以及企业的短期供给曲线与其边际成本曲线之间的关系。

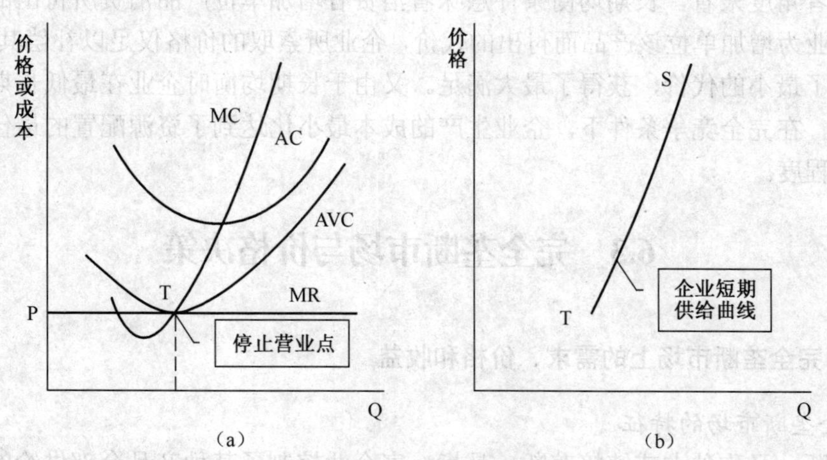

图 6-3 停止营业点和企业短期供给曲线

如果生产能得到的收益小于生产的可变成本（即 P<最低 AVC），企业就停止营业。停业点 T 满足条件 P=MC= AVC 的最小值，此时生产与不生产一个样，都要亏损一样多。

6.2.3 长期均衡与竞争效率

长期是企业能够改变其生产规模并决定是否退出该行业的时间框架。企业在完全竞争市场条件下的长期决策表现在两个方面：一方面是对最优生产规模的选择；另一方面是进入或退出一个行业的选择。

在短期，企业即使出现经济亏损，只要企业出售产品的平均收益大于平均变动成本就会继续经营。当企业再也不能够弥补可变成本时，就会停止营业。在长期，各个企业都可以根据市场价格来调整全部生产要素和产量，所有成本都是可变的。所以，在长期内企业必须使得自己所出售的产品的平均收益能够弥补平均成本，这意味着当长期内的价格必须高于或等于长期平均成本时，企业才愿意进行生产。如果长期调整也不能改变企业的亏损状态，则企业应该退出该行业，而转入那些其平均收益可以弥补其平均成本的行业生产。

在完全竞争市场上，企业在短期可能获得超额利润，也可能遭受亏损，但在长期，企业只能得到正常利润。具体来说，当供给小于需求，价格较高企业可以获得经济利润时，各企业会扩大生产，新的企业也会涌入该行业，从而整个行业供给增加，价格水平下降；当供给大于需求，价格较低企业出现亏损时，各企业会减少生产，有些企业会退出该行业，从而整个行业供给减少，价格水平上升。最终价格水平会达到使各个企业既无超额利润又无亏损的状态，这时整个行业的供求均衡，各个企业的产量也不再调整，于是就实现了长期均衡。

完全竞争的短期均衡条件是：P=MC，长期均衡的条件是：P=MC=最低长期 AC。它们的区别是，短期均衡不要求价格等于平均成本，但在长期中要求它们相等。实现长期均衡时，平均成本与边际成本相等。

边际成本是新增单位产量而付出的代价，也是新增某单位产品而放弃的用于另一种产品生产的资源价值。如果企业使生产进行到价格等于边际成本，意味着新增该产品单位产量时所增加的价值，等于为此而牺牲的其他产品的价值。此时，人们已不可能通过调整资源用途来增进全社会利益，资源配置达到了最佳状态。

从消费者角度来看，长期均衡条件意味着消费者增加单位产品消费所付出的货币代价，恰好等于企业为增加单位该产品而付出的代价，企业所索取的价格仅足以补偿其成本。因此，消费者付出了最小的代价，获得了最大满足。又由于长期均衡时企业在最低长期平均成本下生产，因此，在完全竞争条件下，企业生产的成本最小化达到了资源配置的最佳状态和消费者最大满足程度。

6.3 完全垄断市场与价格决策

6.3.1 完全垄断市场上的需求、价格和收益

1. 完全垄断市场的特征

完全垄断，又称独占或纯粹垄断，是指一家企业控制了某种产品全部供给的市场结构。完全垄断市场具有以下特征：

（1）只有一家企业控制了某种产品的全部供给。完全垄断市场上，垄断企业排斥其他竞争对手，独自控制了一个行业的供给。由于整个行业仅存在唯一的供给者，企业就是行业。

行业需求曲线也就成为了该企业的需求曲线。

（2）企业是市场价格的制定者。由于垄断企业控制了整个行业的供给，也就控制了整个行业的价格，成为价格制定者。完全垄断企业既可以以较高价格出售较少产品，也可以以较低价格出售较多产品。

（3）完全垄断企业的产品不存在任何相近的替代品，否则，其他企业可以生产替代品来代替垄断企业的产品，完全垄断企业就不可能成为市场上唯一的供给者。因此消费者无其他选择。

（4）完全垄断市场上存在进入障碍，其他企业难以参与生产。其他任何企业进入该行业都极为困难或不可能，要素资源难以流动。

垄断一般源于企业对资源的独家控制、规模经济形成的自然垄断、专利权或政府特许权等方面。完全垄断市场和完全竞争市场一样，都只是一种理论假定，是对实际中某些产品的一种抽象，现实中绝大多数产品都具有不同程度的替代性。

2. 垄断企业产品的价格及其边际收益

既然垄断企业的需求曲线就是市场需求曲线，那么，垄断企业产品供给量的增加，将导致产品价格的下降，所以垄断企业产品的边际收益总是小于价格。这一点可以通过表 6-2 中的资料以及据此绘制的图 6-4 加以说明。

表 6-2 某垄断企业的价格、收益及其边际收益

序号	价格 P（元/件）	需求量 Q（万人/月）	总收益 TR=PQ（万元/月）	边际收益 MR（元/件）
A	20	0	0	
B	18	1	18	18
C	16	2	32	14
D	14	3	42	10
E	12	4	48	6
F	10	5	50	2
G	8	6	48	-2
H	6	7	42	-6

注：$MR = \Delta TR / \Delta Q$

6.3.2 垄断企业价格和产量的确定

与完全竞争市场类似，垄断企业利润最大化时的产量既可以由总成本和总收益情况决定，也可以根据边际收益与边际成本相等（MR=MC）的原则来确定。表 6-3 计算了某垄断企业不同需求情况下的边际成本与利润。

表 6-3 的计算结果表明当需求量为 3 万件/月时企业的利润为最大，月最大利润为 12 万元。虽然表 6-3 和表 6-2 中计算得到的该产量水平时的边际收益与边际成本并不相等，但是根据边际收益与边际成本的变化趋势，我们仍然可以断定该企业边际收益等于边际成本的产量水平必在 3 万件左右。因为这里计算的边际收益与边际成本都是平均数，因此，即使月产量水平为 3 万件时新增一件的边际收益正好等于边际成本，也是无法在这些计算表中得到明确体现的。为方便表述，这里将 3 万件/月的需求量水平作为企业利润最大化的产量水平，并据此通

过绘制图 6-5 进一步了解垄断企业利润最大化的产量与价格决策过程，更好地理解上述结论。

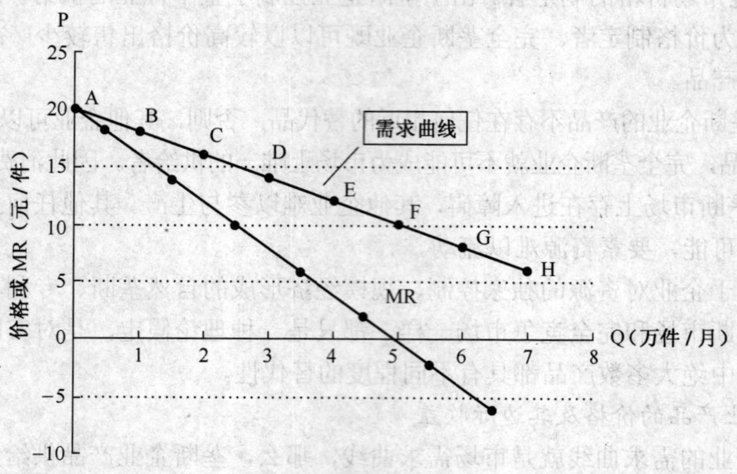

（a）需求曲线与边际收益曲线

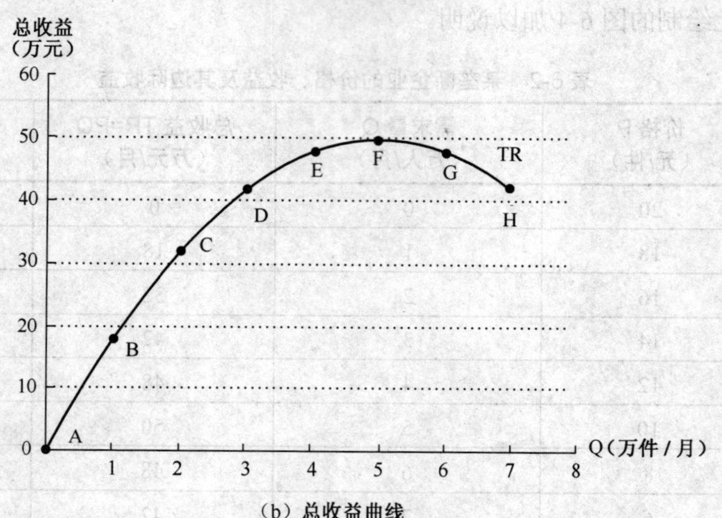

（b）总收益曲线

图 6-4　某垄断企业的需求、边际收益与总收益

表 6-3　垄断企业不同需求下的边际成本与利润计算表

序号	价格 P（元/件）	需求量 Q（万件/月）	总收益 TR=PQ（万元/月）	总成本 TC（万元/月）	边际成本 MC（元/件）	利润（万元/月）
A	20	0	0	20		-20
B	18	1	18	21	1	-3
C	16	2	32	24	3	8
D	14	3	42	30	6	12
E	12	4	48	40	10	8
F	10	5	50	55	15	-5
G	8	6	48	75	20	-27

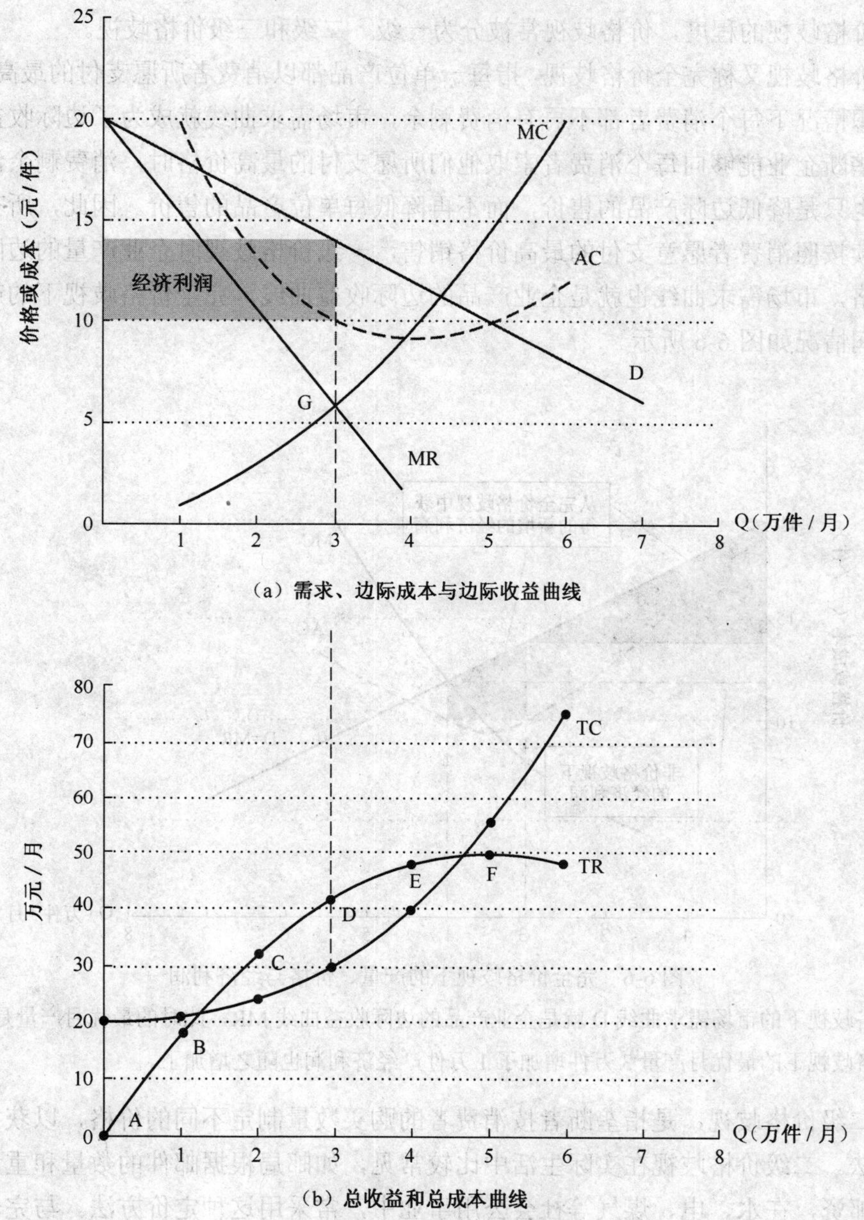

（a）需求、边际成本与边际收益曲线

（b）总收益和总成本曲线

图 6-5　垄断企业的价格与产量决策

利润最大化就是要寻找 TR 与 TC 的最大差距，垄断企业可以根据 MR=MC 这一利润最大化原则通过确定价格和产量来实现利润最大化，所确定的价格必然高于边际成本。

6.3.3　垄断企业的价格歧视

价格歧视是指以不同的价格向不同的消费者销售同一商品或服务的行为，其目的是为了把消费者剩余转化为经济利润。价格歧视非常普遍，但是许多价格歧视并不是因为垄断。不过，要使价格歧视得以实现，垄断企业必须能够界定和区分消费者的类型，并使所销售的商品难以转售。

根据价格歧视的程度，价格歧视常被分为一级、二级和三级价格歧视。

一级价格歧视又称完全价格歧视，指每一单位产品都以消费者所愿支付的最高价格出售。在这种理想情况下每个消费者都不再有消费剩余，市场需求曲线就成为了边际收益曲线。这是因为当垄断企业能够向每个消费者索取他们所愿支付的最高价格时，消费剩余消失了，销量的增加也只是降低边际产品的售价，而不再降低每单位产品的售价。因此，所有其他单位都能够继续按照消费者愿意支付的最高价格销售，一级价格歧视时企业产量的边际收益就等于销售价格，市场需求曲线也就是企业产品的边际收益曲线。完全价格歧视下的产量、价格与经济利润情况如图 6-6 所示。

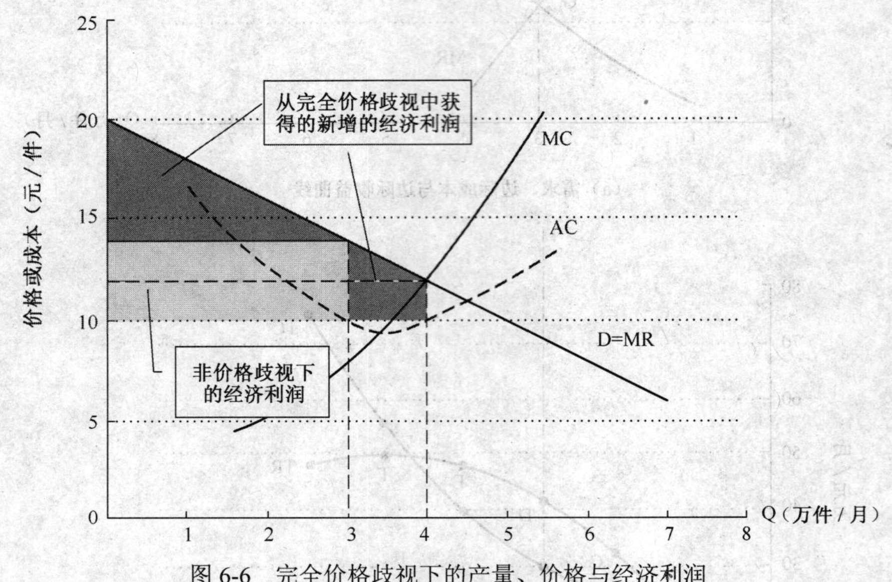

图 6-6　完全价格歧视下的产量、价格与经济利润

完全价格歧视下的市场需求曲线 D 就是企业产品的边际收益曲线 MR，此时的最优月产量是 4 万件，较非价格歧视下的最优月产量 3 万件增加了 1 万件，经济利润也随之增加了。

所谓二级价格歧视，是指垄断者按消费者的购买数量制定不同的价格，以获得较大收益的一种方法。二级价格歧视在实际生活中比较常见，如邮局根据邮件的数量和重量的不同收取不同的邮资，在水、电、煤气等社会公用事业中，常采用这种定价方法。与完全价格歧视比较，二级价格歧视下垄断者只是获得了一部分而非消费者的全部消费剩余。

三级价格歧视则是指垄断者对同一种产品在不同市场上收取不同的价格。这里所谓的市场，不仅包括不同地理位置上的市场，而且也包括由于消费者的偏好、收入等因素形成的不同消费群。只要市场可以分割并有不同的价格弹性，为了追求利润最大化，垄断企业就可以对具有较低需求价格弹性的消费者收取较高的价格，而对具有较高需求价格弹性的消费者收取较低的价格以获得较多的利润。三级价格歧视体现在许多场合，例如电力公司对普通家庭用电和工业用电这两个不同的市场分别采取不同的收费标准。又如在销售同一产品时，对本国市场与别国市场分别制定不同的价格。

6.4 垄断竞争和寡头

现实中的市场组织形式往往介于完全竞争和完全垄断之间，极端的市场结构在现实中是很罕见的。下面讨论垄断竞争和寡头垄断这两种介于完全竞争和完全垄断之间市场结构。

6.4.1 垄断竞争的特征

垄断竞争是指众多企业生产和销售有差别的同种产品的市场组织结构，在这种市场中，既存在着激烈的竞争，又具有类似于垄断者所拥有的制定价格的力量。

垄断竞争市场具有以下特征：

（1）市场中存在许多生产者。和完全竞争一样，垄断竞争的行业存在大量企业，每家企业的市场份额都很小，没有一家企业可以支配市场，也没有一家企业能够影响其他企业的行为。

（2）产品存在差别。每个企业生产与其他企业略有差别的产品，差异化的产品是其他企业产品的替代品，但不是完全替代品。由于一些消费者对这种产品的差异性有较高的支付意愿，因此产品价格的上升，需求量会下降，但是不会降到零，即每个企业面临一条向右下方倾斜的需求曲线，不再是纯粹的价格接受者。

（3）企业可以自由进入和退出市场。垄断竞争中的进入障碍不显著，企业几乎可以没有限制地进入或退出一个市场，因此，企业不能在长期中获得经济利润。当企业能获得经济利润时，就会有新企业进入该行业，这种进入降低了价格，最终将消除经济利润。如数量众多、进入障碍很小的理发和餐馆业可认为属于垄断竞争行业。

6.4.2 垄断竞争市场的需求、价格和产量

1. 较平坦的需求曲线

由于垄断竞争企业生产的是有差别的产品，因此，每个企业都对产品价格有一定的影响力，面临着向下倾斜的需求曲线。又由于在市场中有大量的企业存在，产品间有一定的替代性，因而若单个企业大幅度提高价格，则消费者就可能舍弃该产品，转而购买其他企业的产品。因此，相对于垄断企业而言，垄断竞争企业所面临的需求曲线更富有弹性，形态上相对较平坦一些。

2. 垄断竞争市场的价格和产量决策

垄断竞争企业的短期产量与价格决策与垄断企业一样，如图 6-5（a）所示，MR=MC 仍是企业利润最大化的条件，价格由需求曲线决定。不过，由于短期企业无法退出行业，因此，在企业最优价格与产量下不一定能够获得经济利润，可能会出现企业获得超额利润、取得盈亏平衡或亏损三种状态。

在长期中，垄断竞争市场也存在着激烈的竞争。经济利润的存在是推动各企业进行竞争的动力。各个企业可以仿制别人有特色的产品，可以创造自己更有特色的产品，也可以通过广告来创造消费者的需求，竞争的结果必然是导致各种有差别产品价格的下降。在垄断竞争市场上，实现长期均衡时，边际收益等于边际成本，平均收益等于平均成本，企业不再有进入和退出，经济利润也消失了。

3. 垄断竞争市场上的非价格竞争

在完全竞争市场上，同行业企业提供的是完全相同的产品，所以，要实现利润最大化只有一个办法，就是使其产量调整到边际成本与产品价格相等时的产量。而垄断竞争企业为实现利润最大化，除了可以调整产品价格以改变其销售量外，还可以通过改变产品特征以及销售费用来调整销售量，这些手段就是非价格竞争。非价格竞争的主要手段包括强化产品差别和发布广告。

产品的差别程度在一定程度上决定了企业的垄断力量，是企业强化产品差别的动力，增强产品差别就成了提高垄断能力的重要手段。产品差别可以是产品本身的差别，如产品的品质、性能、设计、颜色和商标等，也可以与销售条件有关，如销售地点、经营方式等。

虽然产品差别不可能使企业实现完全垄断，但是可以使企业获得一定程度的垄断力量。难以模仿的产品差别可以使这种垄断地位长久保持，获取更高的利润。为了进一步强化产品差别，吸引更多的消费者，企业还可以对产品做一些质的改进，如原料、设计、技术性能等方面的改变，也可能是一些非质的改变，如式样、颜色、包装等方面的改变。另外，企业还可能通过销售条件的改变来扩大这种差异，比如采取改变经营方式、提高服务质量等措施来强化顾客对本企业产品的认同感。

在垄断竞争市场，消费者面对众多的产品，识别它们是很困难的，而广告有助于让消费者了解产品的差别，能在某种程度减少消费者的困惑，扩大产品的销售量。

6.4.3 寡头垄断市场的特征

寡头垄断是指这样一种市场结构：在这里，几家大企业生产和销售了整个行业的绝大部分产品，其中每个企业在该行业中都有举足轻重的地位。这与完全垄断和垄断竞争市场不同。完全垄断市场只有一家企业，这家企业的供给就是一个行业的供给；垄断竞争市场则有较多的企业，每家企业只是行业中的一小份子。由于寡头市场只有几家企业，所以，每家企业的产量和价格的变动都会严重地影响到本行业竞争对手的销售量和销售收入。这样，每家企业必然会对其他企业的产量和价格变动做出直接反应，在做出决策时必须考虑其他企业的决策，同时，也要考虑自己的决策对别的企业的影响。因此，寡头市场是一个相互依存的市场结构。

6.4.4 寡头垄断市场的产量与价格

寡头市场在价格与产量决策上有以下三方面特点：一是它很难对产量与价格问题做出象前三种市场类型那样确切而肯定的答案。因为，各个寡头在做出自己的价格和产量决策时，都要考虑到竞争对手的反应，而竞争对手的反应又是多种多样并难以捉摸的。二是价格和产量一旦确定以后，就有其相对稳定性。这也就是说，各个寡头由于难以捉摸对手的行为，一般不会轻易变动已确定的价格与产量水平。三是各寡头之间的相互依存性，使他们之间更容易形成某种形式的勾结。但各寡头之间的利益又是矛盾的，这就决定了勾结不能代替或取消竞争，寡头之间的竞争往往会更加激烈。这种竞争有价格竞争，也有非价格竞争。

1. 寡头垄断市场上产量的决定

各寡头之间有可能存在相互之间的勾结，也有可能不存在勾结，在这两种情况下，产量的决定方式是有差别的。

当各寡头之间存在勾结时，产量由各寡头之间协商确定，而协商确定的结果有利于谁，则取决于实力的大小。这种协商可能是对产量的限定，也可能是对销售市场的瓜分，但不规定具体产量的限制，而是规定各寡头的具体范围。当然，这种勾结往往是暂时的，当各寡头的实力发生变化之后，就会要求重新确定产量或瓜分市场，从而引起激烈的竞争。

在不存在勾结的情况下，各寡头根据其他寡头的产量决策来调整自己的产量，以达到利润最大化，对这一点要根据不同的假设条件进行分析。经济学家曾作了许多不同的假设，并得出了不同的答案，其中一个著名的分析结论就是流传最广的关于“囚徒困境”的推论。这个故事是说：有A和B两个嫌疑犯纵火之后逃跑，被警察抓住了，因证据不足而很难定罪。办案的法官分别找他们谈话，单独对他们其中的每一个人说，如果你招了，他不招，那么你会作为证人无罪释放，他将被判十五年徒刑；如果你招了，他也招了，你们都将被判十年徒刑；如果他招了，你不招，他无罪释放，你十五年；如果你们都不招，各判一年。往往结果两个人都招供了，各被判十年。

为什么两个人都选择了“招供”呢？其“思想搏斗过程”大致如下：假如他招了，我不招，我就要坐十五年监狱，招了最坏坐十年，还是招了合算；假如他不招，我也不招，只坐一年，因无法串供，风险太大；如果我招，他不招，马上被释放，也是招了合算。综合上述情况考虑，还是招了合算，于是两个人都招供了。

这个故事说明，在一个集体里，有可能每个人的选择都是理性的，但对于整个集体来说其结果却不是理性的。寡头垄断市场上的经营决策是少数几个人之间的博弈过程，在这个“博弈场”中，参与赌博的人虽然事先规定了行为规则，但每个赌徒都想使自己在其中处于有利的地位，就象A和B两人一样。大家都想将别人陷于“倒霉”的境地，而使自己从困境中逃脱出来，都这样做的结果，使大家都承受了风险共担的结果。

通过上例推论可以看出，在寡头垄断市场上，寡头之间的勾结可能成功，也可能不成功，相互勾结和相互竞争对市场价格的影响各不相同。

2. 寡头垄断市场上的价格决定

寡头垄断市场上的价格决定要区分存在或不存在勾结。在不存在勾结的情况下，价格决定的方法是价格领先制；在存在勾结的情况下，则是卡特尔。

价格领先制是指一个行业的价格通常由某一寡头率先制定，其余寡头追随其后确定各自价格。领先定价者往往既不是自封的，也不是共同推选的，而是自然形成的。这种自然形成的领先定价者或者可以看作是价格领袖，一般有三种情况：

（1）支配型价格领袖。领先确定价格的企业是本行业中实力最大的、具有支配地位的企业。它在市场上占有额份最大，因此对价格的决定举足轻重。它根据自己利润最大化的原则确定产品价格及其变动，其余规模较小的寡头则根据这种价格来确定自己的价格以及产量。

（2）效率型价格领袖。在这种情况下，领先确定价格的企业是本行业中成本最低、效率最高的企业。它对价格的确定也使其他企业不得不随之变动。

（3）晴雨表型价格领袖。这种企业并不一定在本行业中规模最大，也不一定效率最高，但它在掌握市场行情变化或其他信息方面明显优于其他企业。这家企业价格的变动实际上是首先传递了某种信息，因此，它的价格在该行业中具有晴雨表的作用，其他企业会参照这家企业的价格变动而变动自己的价格。

卡特尔（Cartel）是指生产同类产品的企业，在划分销售市场、规定商品产量、确定商品价格等方面签订协定而成立的同盟。通过建立卡特尔，几家寡头企业，协调行动，共同确定价格，就有可能象垄断企业一样，使整个行业的利润达到最大。但由于卡特尔各成员之间的矛盾，有时达成的协议也很难兑现，或引起卡特尔解体。在不存在公开勾结的卡特尔的情况下，各寡头还能通过暗中的串通来确定价格。

寡头垄断企业的定价方法通常是成本加成法，就是在核定成本的基础上，加上一个百分比或预期利润额来确定价格。这是按利润最大化原则事先确定利润目标的定价，它能为市场所接受，是因为垄断组织控制着生产和市场销售的最大份额。

6.4.5 对垄断竞争和寡头垄断市场的评价

垄断竞争市场的经济效率介于完全竞争市场和完全垄断市场之间。在垄断竞争企业处于长期均衡时，市场价格高于企业的边际成本、等于企业的平均成本但高于平均成本最低点，这就决定了垄断竞争市场的经济效率低于完全竞争市场。但从程度上来看，垄断竞争又比完全垄断市场有效率。垄断竞争市场对消费者而言，利弊同时并存。有利之处是：第一，由于垄断竞争市场的产品有差别，因而可以满足多样化的市场需求，充分体现消费者的消费个性；第二，由于产品的差别是包含了销售条件如品牌，售后服务等，所以企业会不断地提高某品牌的质量，改善售后服务，从而又有利于消费者。不利之处在于产品价格高于边际成本，与完全竞争相比，消费者被迫支付更高的市场价格。垄断竞争对于生产者来说，也是利弊共存。有利之处在于：垄断竞争的市场条件有利于技术进步。在完全竞争市场上，由于缺乏对技术创新的保护，因而不存在企业技术创新的动力，在完全垄断的市场结构中，由于没有竞争，缺乏技术创新的压力。在垄断竞争的市场结构中，既存在对技术创新的保护，如专利等，又存在着同类产品的竞争，具有较大的外在压力，所以，垄断竞争市场被认为是最有利于技术进步的市场结构。但在垄断竞争市场条件下，由于长期中不可能在平均成本最低点上实现最大利润，因而其资源利用效率要比完全竞争市场低，存在着一定的资源浪费。

寡头垄断往往会抬高价格，损害消费者利益和社会经济福利。寡头垄断的经济效率仅高于完全垄断，过度的产品差别和广告方面的非价格竞争，也造成了资源浪费。但是，寡头垄断市场实现了规模经济和促进科学技术进步，有利于研究与开发。因为完全竞争企业与垄断竞争企业一样，通常力量较小，无力承担研究工作，为了竞争，寡头企业总是要积极从事研究与开发，以不断提高产品质量、降低产品成本、改进产品性能。在汽车、计算机等寡头市场上，我们可以充分感受到技术的突飞猛进和产品的日新月异。

学习自测 6

一、判断题

1．完全竞争企业面对的需求曲线由市场价格所决定，故其完全缺乏弹性。（ ）

2．在完全竞争行业中，企业的需求曲线是水平的，所以企业的 MC 曲线也是水平的。（ ）

3．如果一个企业的平均销售收入低于平均成本，则该企业应当停产。（ ）

4．在长期中，完全竞争企业利润为零，导致企业倾向于退出该行业。（　）

5．在长期中，完全竞争市场的价格等于最低的长期平均成本。（　）

6．在长期中，完全竞争市场中的企业一般都拥有相同的成本曲线。（　）

7．在完全竞争的行业中，一个代表性企业的需求曲线与平均成本曲线相切，说明它处于长期均衡的位置。（　）

8．完全竞争市场的产品同质假定意味着企业生产的产品中，商标、专利、品牌等的差异是不存在的。（　）

9．如果一个企业的平均成本达到最小值，说明它已经获得了最大的利润。（　）

10．在长期中，如果一个行业的成本是不变的，那么市场需求的变化将完全反映在产量的调整上。（　）

11．一个垄断企业可以随心所欲的定价，以取得最大利润。（　）

12．垄断企业不会发生经济亏损。（　）

13．如果垄断者实行完全的价格歧视，它就可以获得所有消费者剩余。（　）

14．垄断企业的 AR 曲线与 MR 曲线是同一条曲线。（　）

15．垄断竞争行业的供给曲线与完全竞争行业的供给曲线相类似。（　）

二、单选题

1．在完全竞争市场上，（　）。

A．市场参与者的购销量只占整个市场交易量的极小一部分

B．市场参与者只能接受价格，而不能影响价格

C．交易的商品是同质的

D．以上全对

2．下列行业中哪一个最接近完全竞争模式（　）。

A．飞机　B．卷烟　C．大米　D．汽车

3．在完全竞争的条件下，如果某行业中的企业的商品价格等于平均成本，那么（　）。

A．新的企业要进入这个行业

B．原有企业要退出这个行业

C．既没有企业进入也没有企业退出这个行业

D．既有企业进入也有企业退出这个行业

4．假定在某一产量水平上，某企业的平均成本达到了最小值，这意味着（　）。

A．边际成本等于平均成本　B．企业获得了最大利润

C．企业获得了最小利润　D．企业的超额利润为零

5．企业在停止营业点（　）。

A．P=AVC　B．TR=TVC

C．企业总损失等于 TFC　D．以上都对

6．假定完全竞争行业内某企业在目前产量水平下的边际成本、平均成本和平均收益均等于 1 元，则这家企业（　）。

A．肯定只得到正常利润　B．肯定没得到最大利润

C．是否得到了最大利润还不能确定　D．肯定得到了最少利润

7．在完全竞争市场上，已知某企业的产量是500单位，总收益是500元，总成本是800元，总不变成本是200元，边际成本是1元，按照利润最大化原则，他应该（　）。

A．增加产量　　B．停止生产

C．减少产量　　D．以上任何一个措施都可采取

8．完全竞争市场的企业短期供给曲线是指（　）。

A．AVC>MC 中的那部分 AVC 曲线

B．AC>MC 中的那部分 AC 曲线

C．MC≥AVC 中的那部分 MC 曲线

D．MC≥AC 中的那部分 MC 曲线

9．以下最不可能成为垄断者的是（　）。

A．某小镇上唯一的一名医生　　B．可口可乐公司

C．某地的电力公司　　D．某地的自来水公司

10．下列不能成为进入一个行业的壁垒的是（　）。

A．垄断利润　　B．立法

C．专利权　　D．资源控制

11．垄断企业拥有控制市场的权力，这意味着（　）。

A．垄断企业面对一条向下倾斜的需求曲线

B．如果他的产品增加一个单位，则全部产品的销售价格必须降低

C．垄断企业的边际收益曲线低于其需求曲线

D．以上都对

12．在竞争性市场和垄断市场中，下列（　）情况下企业将扩大其产出水平。

A．价格低于边际成本　　B．价格高于边际成本

C．边际收益低于边际成本　　D．边际收益高于边际成本

13．当成本相同时，垄断企业和竞争性企业一致的是（　）。

A．利润最大化目标　　B．产出水平

C．长期中的经济利润　　D．生产的有效率

14．一个垄断企业在长期中一直获得经济利润，那么（　）。

A．该企业的生产比竞争性市场的企业更有效率

B．其他企业无法进入该行业与其竞争

C．政府和垄断企业之间必定串谋来维持一个高价格

D．垄断企业的需求曲线缺乏弹性，从而使得其获得更多的收益

15．当垄断竞争企业处在长期均衡点时，长期平均成本曲线处于（　）。

A．上升阶段　　B．下降阶段

C．水平阶段　　D．以上三种情况都可能

16．垄断竞争市场上企业的短期均衡发生于（　）。

A．边际成本等于实际需求曲线产生的边际收益时

B．平均成本下降时

C．主观需求曲线与实际需求曲线相交，并有边际成本等于主观需求曲线产生的边际收益时

D．主观需求曲线与平均成本曲线相切时

17．寡头垄断和垄断竞争之间的主要区别是（　　）。

A．企业的广告开支不同　　B．非价格竞争的数量不同

C．企业之间相互影响的程度不同　　D．以上都不对

三、计算题

1．完全竞争行业中某企业的成本函数为 $STC=Q^3-6Q^2+30Q+40$，假设产品价格为66元，求：

（1）利润最大化时的产量及利润总额。

（2）由于竞争市场供求发生变化，由此决定的新的价格为30元，在新的价格下，企业是否会发生亏损？如果会，最小的亏损额是多少？

（3）该企业在什么情况下才会退出该行业？

2．假设某完全竞争行业有100个相同的企业，每个企业的成本函数为 $STC=0.1Q^2+Q+10$，求：

（1）市场的供给函数。

（2）假设市场需求函数为 $Q=4000-400P$，求市场的均衡价格和产量。

3．假定某垄断者面临的需求曲线为 $P=100-4Q$，总成本函数为 $TC=50+20Q$，求：

（1）垄断者利润最大化时的产量、价格及利润总额。

（2）假设垄断者必须遵从完全竞争法则，那么企业的利润、产量和价格各变化了多少？

4．假设垄断企业拥有不变的平均成本和边际成本，并且 $AC=MC=5$，企业面临的市场需求曲线 $Q=53-P$，求：

（1）该垄断企业实现利润最大化时的均衡价格和均衡产量及最大利润。

（2）如果该市场是完全竞争的，那么该市场的产出水平是多少？

（3）计算（1）和（2）情形下的消费者剩余。

学习任务 7　市场效率与经济平等

学习导入

市场效率与经济平等之间往往是相互冲突的，均等的收入在激励和效率方面会起到反作用，效率与平等的这种权衡取舍在“人们面临权衡取舍”这一经济学的十大原理中已进行过阐述。效率与平等是每个社会都面临的一个需要慎重权衡的社会经济问题。这里将介绍什么是经济效率，考察市场化的资源配置方式如何使买卖双方得益最大化，阐释“看不见的手”能导致合意的市场结果这一亚当• 斯密所提出的经济学中最著名的结论。另外，当我们在理解“市场通常是组织经济活动的一种好方法”这一经济学原理时，这里还将介绍实现市场效率所面临的现实障碍以及经济不平等程度的常用衡量方法，并为学习有关“政府有时可以改善市场结果”以及宏观经济运行方面的经济学原理奠定基础。

7.1　市场效率

7.1.1　经济效率

什么是经济效率？这是一个规范经济学的问题，不同的人会有不同的认识。规范经济学研究的是“应该是什么”的问题，它试图从一定的社会价值判断标准出发，根据这些标准，对一个经济体系的运行情况进行评价，并进一步说明一个经济体系应当怎样运行，并提出相应的经济政策。

从亚当 • 斯密以来，人们认为自由放任能推动经济发展，“看不见的手”能够调整好社会经济生活。但是，随着经济的发展，出现了收入和财富分配不均、贫富差距扩大的现象。这一方面导致社会效率降低，另一方面引起社会矛盾尖锐。为了解决这些问题产生了福利经济学。所谓福利是指个人获得的效用或满足，是对效用的一种货币上的度量。在一定价值判断的前提下，福利经济学从微观经济主体的角度出发，主要研究如何使一个经济社会的资源在各个部门或不同的个体之间的配置或分配达到最优，也就是说，福利经济学是考察一个社会全体成员的经济福利的最大化问题。

从福利经济学的观点来看，经济效率指社会经济达到帕累托最优时的状态，即有效率的资源配置是指资源的配置已经达到这样一种状态：如果在不使某些人的境况变坏的前提下，一项经济活动已无法使任何一个人的境况变得更好，那么，该经济活动就是有效率的，也就是说该经济活动实现了帕累托最优或帕累托效率。帕累托最优还可以表述为这样一种状态：

当且仅当不存在任何能够使得某些人境况变好的同时而不使另一些人的境况变坏的变化时的一种经济状态。换言之，当帕累托最优时，任何使得某些人境况变好的变化都会使得另一些人的境况变坏。

7.1.2 竞争市场的效率

福利经济学第一定理表明，在完全竞争条件下，市场竞争能够通过价格有效率地协调经济活动，从而配置有限的稀缺资源。

为了对自由竞争市场条件下的资源配置结果进行评价，将消费者剩余和生产者剩余之和称为总剩余，即总剩余=消费者剩余+生产者剩余，总剩余就成了社会经济福利的衡量指标，社会经济福利最大化也就是总剩余最大化。如果资源配置结果能使总剩余最大化，任何使得某些人境况变好的变化都会使得另一些人的境况变坏，那么这种配置就是有效率的，是帕累托最优的状态。

在学习任务 4 中，已经介绍了消费者剩余是指消费者的评价（最高支付愿意）与其实际支付量的差额，即消费者剩余=消费者的评价−消费者的实际支付量。同样，生产者剩余是指生产者出售产品或劳务所得的货币量与其生产成本之间的差额，即生产者剩余=生产者得到的货币量−生产者的成本，当价格大于边际生产成本时，企业就获得了生产者剩余。生产者剩余衡量了生产者参与市场的收益，是出售每单位产品或劳务得到的剩余的总和。

对单个企业而言，供给曲线给出的价格表示生产者的边际生产成本。由于市场供给曲线是单个企业供给曲线的加总，因此，无论是单个企业的生产者剩余，还是市场供给曲线下的生产者剩余，其大小都可以用市场价格与供给曲线间的面积表示。供给曲线与生产者剩余的关系如图 7-1 所示。

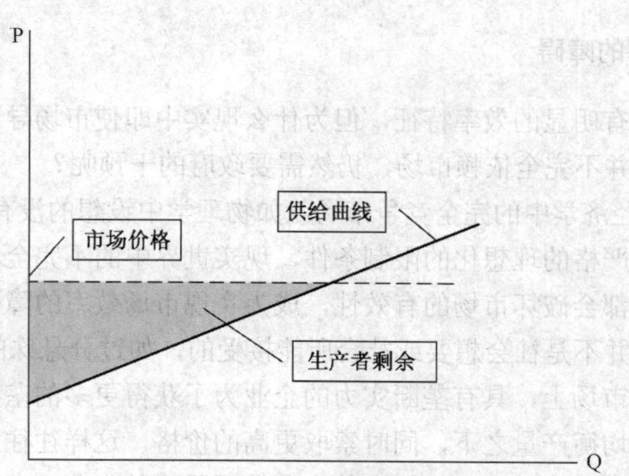

图 7-1 供给曲线与生产者剩余

图中横轴表示数量，纵轴表示商品价格。由于供给曲线反映了生产者的成本，因此，图中市场价格以下供给曲线以上阴影部分的面积衡量了生产者剩余的大小。

根据消费者剩余和生产者剩余的定义，可得总剩余的表达式为总剩余=消费者的评价−生产者的成本。图 7-2 表示了当市场达到均衡时的生产者、消费者剩余和总剩余情况。

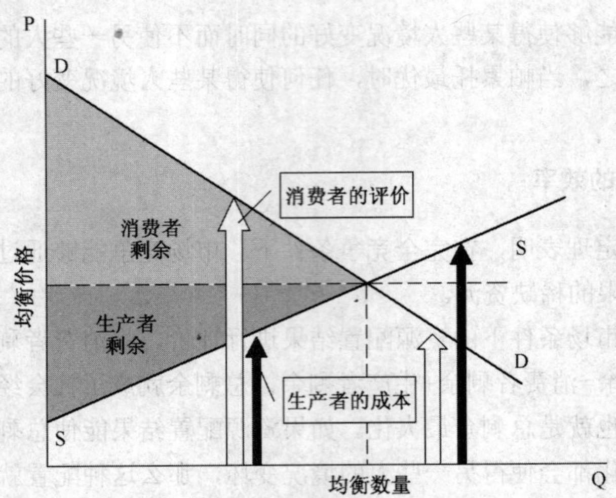

图 7-2　市场均衡时的生产者与消费者剩余

由于需求曲线 D 的高代表了消费者对商品的评价，而供给曲线 S 的高代表了生产者的成本，因此，图中阴影部分的总面积衡量了市场均衡时总剩余的大小。

由于供求均衡已使总剩余最大化，因此，上述均衡的结果使资源得到了有效配置。有关该结论可进一步说明如下：首先，由于均衡价格是由参与市场的消费者和生产者共同决定的，并且需求曲线反映了消费者的评价，供给曲线反映了生产者的成本，因此，市场已将产品的供给分配给了评价最高的消费者，也已将需求分配给了能以最低成本生产这些产品的生产者，市场已经无法再通过改变消费或生产配置来增进社会福利；其次，由于产量水平相对均衡，无论是生产不足还是生产过多都会降低总剩余，因此图 7-2 中供求均衡的产量与价格水平实现了总剩余的最大化，使资源得到了有效配置。

7.1.3　市场效率的障碍

完全竞争市场具有明显的效率特征，但为什么现实中即使市场导向非常明确的国家，其资源的配置和利用也并不完全依赖市场，仍然需要政府的干预呢？

原因有二：一是经济学中的完全竞争市场就如物理学中设想的没有摩擦的真空状态一样，市场效率的实现有其严格的理想化的限制条件，现实世界中的不完全竞争、外部性、不完全信息和高交易成本等都会破坏市场的有效性，成为实现市场效率的障碍；二是竞争市场有效率的结果最终也可能并不是社会想要或社会所能接受的，如过分悬殊的贫富差距。

在不完全竞争的市场上，具有垄断实力的企业为了获得更多的垄断利润，往往将产量限制在完全竞争市场的均衡产量之下，同时索取更高的价格，这样往往会造成整个社会福利的减少，产生“无谓损失”和低效率。如当某企业发明了一种新药，专利权使得发明者拥有该产品生产工艺的排他性使用权，这种合法的进入壁垒就会使该企业利用其在某个市场中的市场力量限制产量，提高价格，导致生产不足，使资源配置无效率。

当生产或消费的某些外在影响未被包括在市场价格中时，就会产生外部性问题。如农村的制革厂向河流中排放废水，废水中含有的大量有毒物质和空气中弥漫的有毒恶臭气体，既会危害附近居民的饮用水和呼吸的空气，也会危害以河道水灌溉的农作物的正常生长，导致减产、颗粒无收甚至粮食无法食用，严重损害居民的健康。如果该企业不需要对其废水排放所造成的影响进行赔偿，即该企业不需要考虑污染成本，那么，这种环境污染成本未被包括在市场价格中的结果必然导致企业的生产过多。相应地，如果对能够带来巨大社会效益的创造发明不加以保护，不对当事人进行充分补偿，那么创造发明的数量就会明显不足。

完全竞争条件下假定信息是完全的，消费者被假定了解有关商品价格和质量的所有信息，生产者被假定知道产品生产方面的所有知识及其发展前景。显然，现实并非如此。信息就像其他经济物品一样，也是一种稀缺的有价值的资源，要想获得足够的信息就必须支付足够的代价。由于搜寻信息的成本有时候会十分高昂，迫使消费者在信息不充分的情况下作出决策，从而导致决策失误与市场配置效率的下降。所以，政府的重要任务之一就是确定哪些领域存在严重的信息不足，并帮助解决信息不对称问题，如建立相应的食品、药品安全检测、评价与信息发布制度等，提高资源配置的效率。

7.2 经济不平等的衡量

7.2.1 收入和财富

当我们衡量一个人或一个国家的经济状况时，最常用的两个指标是收入和财富。个人或家庭在一定时期（通常为一年）内的收入可分为市场收入和政府的转移支付，市场收入是指纳税前的工资、利息、租金以及在要素市场赚得的利润，转移支付是指政府财政资金的单方面的无偿转移。扣除相应的税费和应缴纳的社会保障以后的收入称为可支配收入。

收入是一个时期指标，而财富则是一个时点指标。一个家庭的财富是某个时点上所拥有的资产的货币净值，是总资产与总负债的差额。负债是所有欠他人的东西的价值，而资产是指所有有价值的东西。家庭的资产既包括如住房、汽车、耐用消费品和土地等有形财产，也包括如现金、储蓄、股票和债券等金融资产。

我国国家统计局在对居民家庭收入的抽样调查中，将家庭总收入分为工薪收入、经营净收入、财产性收入和转移性收入。家庭由居住在一起、经济上合在一起共同生活的家庭成员组成。表 7-1 给出了历年来我国城镇居民家庭人均年收入及其构成和变动情况。

表 7-1　我国城镇居民家庭人均年收入及其构成和变动情况表　（单位：元/人）

项目＼年份	1990	1995	2000	2007	2008
年收入	1516	4279	6296	14909	17068
工薪收入	1150	3390	4481	10235	11299
经营净收入	23	73	246	941	1454
财产性收入	16	90	128	349	387
转移性收入	328	726	1441	3385	3928
可支配收入	1510	4283	6280	13786	15781

资料来源：国家统计局，《中国统计年鉴（2009）》。

数据显示，我国城镇居民家庭 1990 年的人均年收入仅为 1516 元，而 2008 年增加到了 17068 元，18 年间增长了十倍多，年平均增长率达到了 14.4%；同时，我国城镇居民家庭的人均转移性收入在 1990～2008 年间从 328 元增加到了 3385 元，增长速度比家庭人均年收入的增速还高。

若将居民家庭总收入由低到高排序，并将数据分为 7 组，每组由 10%或 20%的家庭组成，对 6 万多城镇居民家庭抽查的结果表明，2008 年我国城镇居民家庭人均收入和人均可支配收入分别为 17068 元和 15781 元，城镇居民家庭人均收入的分布情况如表7-2 所示。

表 7-2　2008 年我国城镇居民家庭收入分布情况表

收入等级 / 项目	最低收入户	低收入户	中等偏下户	中等收入户	中等偏上户	高收入户	最高收入户
占家庭总数的百分比	10%	10%	20%	20%	20%	10%	10%
人均收入（元/人）	5204	7917	10975	15055	20784	28519	47422
占家庭总收入的百分比	3.4%	5.1%	13.4%	17.3%	22.7%	14.8%	23.4%

注：前两栏数据来自国家统计局，《中国统计年鉴（2009）》，最后一栏数据根据国家统计局数据估算。

抽查结果表明，各占家庭总数 10%的最高收入户和最低收入户的人均年收入分别是 47422 元和 5204 元，前者是后者的 9 倍多；最高收入户的年收入占了总收入的 23.4%，而最低收入户的年收入只占了总收入的 3.4%。显然，如果收入在家庭间绝对平等地进行分配，那么，各占家庭总数 10%的最高收入户和最低收入户的总收入应该毫无差异。下面将介绍经济不平等的衡量工具——伦兹曲线和基尼系数。

7.2.2　洛伦茨曲线

洛伦茨曲线被广泛地用于对收入和财富不平等状况的描述与分析，洛伦茨曲线可分为收入洛伦茨曲线和财富洛伦茨曲线。

收入洛伦茨曲线描绘的是与累积的家庭数百分比相对应的累积的收入百分比。根据表7-2 可得 2008 年我国城镇居民家庭收入不平等情况表，如表 7-3 所示。

表 7-3　2008 年我国城镇居民家庭收入不平等情况表

收入等级 / 百分比	最低收入户	低收入户	中等偏下户	中等收入户	中等偏上户	高收入户	最高收入户
家庭数的累积百分比	10%	20%	40%	60%	80%	90%	100%
占家庭总收入的累积百分比	3.4%	8.5%	21.8%	39.2%	61.9%	76.6%	100.0%

将表 7-3 中得到的人口累计百分比和收入累计百分比的对应关系描绘在图形上，即得洛伦茨曲线，如图 7-3 所示。

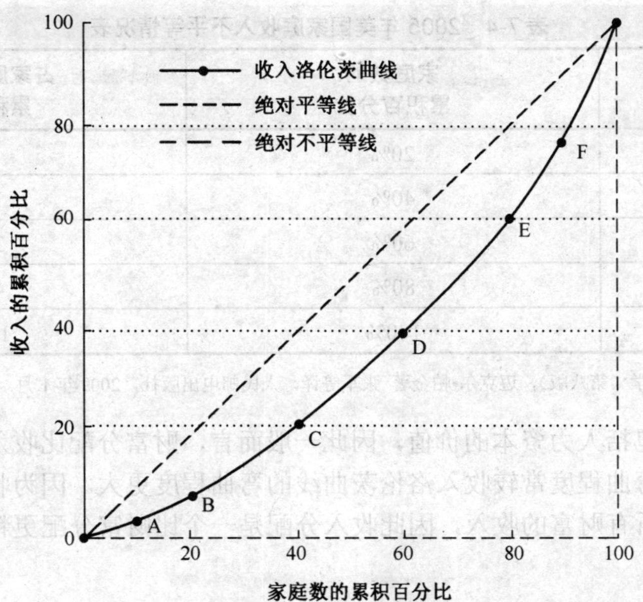

图 7-3　2008 年我国城镇居民家庭收入洛伦茨曲线

洛伦茨曲线上的点 A~F 对应着表 7-3 中的各列数据。如果家庭收入均等，那么一定比例的家庭就能获得相同比例的收入，洛伦茨曲线就成为了绝对平等线；如果所有收入归一个家庭所有，那么洛伦茨曲线就是绝对不平等线。现实中的洛伦茨曲线总是介于两者之间。

洛伦茨曲线的弯曲程度反映了收入分配的不平等程度。洛伦茨曲线弯曲程度越小，收入分配程度越平等；洛伦茨曲线弯曲程度越大，收入分配程度越不平等。图 7-4 绘制的是 2005 年美国收入洛伦茨曲线。

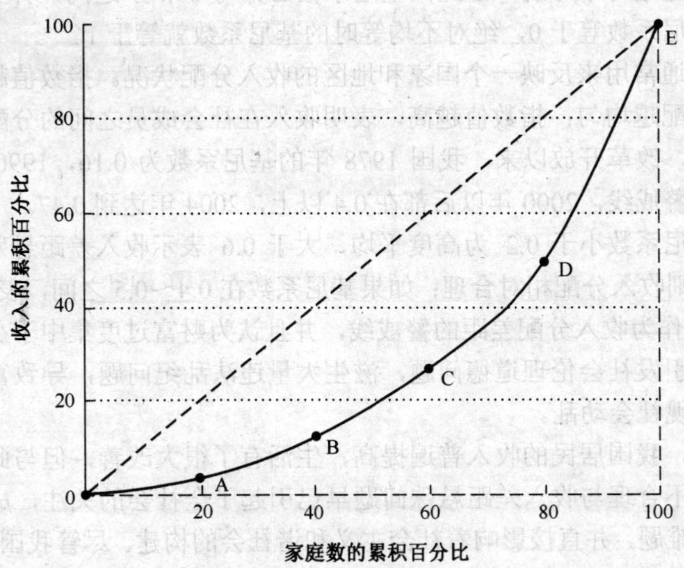

图 7-4　2005 年美国收入洛伦茨曲线

根据图 7-4 分析可得 2005 年美国家庭收入不平等情况表，如表 7-4 所示。

表 7-4　2005 年美国家庭收入不平等情况表

收入等级	家庭数的累积百分比	占家庭总收入的累积百分比
最低 A	20%	3.4%
次低 B	40%	12.0%
中等 C	60%	26.6%
次高 D	80%	49.6%
最高 E	100%	100.0%

资料来源：微观经济学（第八版），迈克尔•帕金著 张军等译，人民邮电出版社，2009 年 1 月，P393。

由于财富没有包括人力资本的价值，因此一般而言，财富分配比收入分配更不平等，即财富洛伦茨曲线的弯曲程度常较收入洛伦茨曲线的弯曲程度更大。因为收入数据衡量了来自包括了人力资本的所有财富的收入，因此收入分配是一个比财富分配更精确的衡量经济不平等的尺度。

7.2.3　基尼系数

由于现实中的收入和财富分配总是处于两个极端之间，即收入分配的绝对平等与绝对不平等之间，因此，收入或财富的洛伦茨曲线总是介于绝对平等线与绝对不平等线之间。虽然收入洛伦茨曲线的弯曲程度表明了收入分配的不平等程度，但是以洛伦茨曲线为基础的基尼系数可以更好地度量收入分配的平等程度，定量测定贫富的差异程度。

基尼系数由意大利经济学家基尼在 1922 年首先提出。基尼系数等于绝对平等线与洛伦茨曲线之间的面积占绝对平等线与绝对不平等线间面积的比例。由于收入或财富分配绝对均等时的洛伦茨曲线就是绝对平等线，因此，基尼系数必介与 0 和 1 之间，并且当收入或财富分配绝对均等时的基尼系数等于 0，绝对不均等时的基尼系数就等于 1。

收入基尼指数通常用来反映一个国家和地区的收入分配状况。指数值越低，表明收入在社会成员之间的分配越均匀；指数值越高，表明收入在社会成员之间的分配越不均匀。根据国家统计局的测算，改革开放以来，我国 1978 年的基尼系数为 0.16，1990 年为 0.34，2000 年为 0.42，越过了警戒线，2000 年以后都在 0.4 以上，2004 年达到 0.47。

一般认为，基尼系数小于 0.2 为高度平均，大于 0.6 表示收入差距悬殊。如果基尼系数在 0.3～0.4 之间，则收入分配相对合理；如果基尼系数在 0.4～0.5 之间，表示收入差距较大。国际上通常将 0.4 作为收入分配差距的警戒线，并且认为财富过度集中于少数人，容易引起人们的心理失衡，引发社会伦理道德问题，滋生大量违法乱纪问题，导致富有阶层和贫困阶层的形成，甚至出现社会动乱。

改革开放以来，我国居民的收入普遍提高，生活有了很大改善，但与此同时收入差距也在日益拉大，分配不合理与收入差距悬殊问题早已引起了全社会的关注，成为困扰我国改革和发展的一大社会难题，并直接影响着社会主义和谐社会的构建。尽管我国区域发展不平衡、城乡差别明显，但是收入分配失衡仍会引起一系列的问题。收入差距过大不仅关乎社会公平问题，同时也会影响到社会资源、自然资源的合理配置和经济的可持续发展。因此，如何有效遏制不合理的贫富差距，合理兼顾效率与公平，调整利益格局，实现社会公平，是构建社会主义和谐社会必须解决的问题。

学习自测 7

一、单选题

1．我国现行收入分配政策的基本指导方针是（　）。

A．公平与效率兼顾　　B．效率优先、兼顾公平

C．公平优先、兼顾效率　　D．公平与效率相机抉择

2．下列哪种情况实现了帕累托最优（　　）。

A．M 处境的改善必然与 N 处境的恶化相对应

B．在 M 的处境至少不变坏的前提下，N 的处境可以变好

C．当 M 处境改善时，N 的处境不变，但必然有人处境变坏

D．没有人处境变坏，无论是 M、N 还是其他人的处境都不可能得到改善

E．以上都不是

3．在一个自由竞争的市场上，一个人可以在不使其他任何人的状况变坏的情况下就能使他自己的状况变好，那么我们可以说（　　）。

A．实现了资源的最优配置　　B．反映了收入分配不公

C．存在市场失灵　　D．以上都不对

4．下列哪种情况下不会出现市场失灵（　　）。

A．存在公共物品　　B．存在外部性

C．卡特尔勾结起来限制产量　　D．市场上竞争非常激烈

5．收入分布越不平等，则基尼系数（　　）。

A．越小　　B．不变

C．越大　　D．无法确定

6．在对个人或家庭之间的收入不平等程度进行衡量时，国际上通用的指标是（　　）。

A．洛伦茨曲线　　B．无差异曲线

C．基尼系数　　D．恩格尔系数

7．下列（　　）情况表明一国的个人收入不平等程度比较高。

A．基尼系数比较大　　B．失业率比较高

C．生活物价水平比较高　　D．企业私有化程度比较高

8．关于收入分配问题，下列说法正确的是（　　）。

A．基尼系数是吉尼斯公司为衡量收入差距而设计的一个指标

B．基尼系数的数值在–1 和+1 之间

C．基尼系数越高，表明收入分配越平均

D．基伦兹曲线越接近对角线，收入分配越平均

二、简答题

1．简述为什么完全竞争市场能够实现资源的有效配置？

2. 简述什么是经济不平等及其衡量方式。

3. 解释下列每一项政府活动是出于关注平等的动机还是出于关注效率的动机：

（1）管制有限电视频道的价格。

（2）我国的低保补贴等扶贫政策。

（3）禁止在公共场合吸烟。

（4）我国政府对电信部门的分拆。

（5）对收入高的人实行高个人所得税税率。

（6）制定禁止酒后驾车的法律。

4. 你怎么认识收入差距与公平和效率的关系？

学习任务 8　市场失灵与政府干预

虽然完全竞争市场可以导致资源的最优配置，但是在现实生活中，有许多因素阻碍市场按理想的方式运行，难以实现资源的有效配置，这种市场机制低效运行的情况称为市场失灵。因此，市场效率所面临的现实障碍以及社会不能接受的过分悬殊的贫富差距为政府干预市场提供了充足的理由，这也是为什么现实中即使市场导向非常明确的国家，其资源的配置和利用也并不完全依赖市场，仍然需要政府干预的原因所在。这里将就垄断、外部性和公共物品这些因不满足完全竞争市场理想化假定条件而可能导致市场失灵的现象分别进行分析说明，以便我们更好地理解“政府有时可以改善市场结果”这一经济学原理的具体涵义。

8.1　垄断与反垄断

8.1.1　垄断的低效率

由于企业对资源的独家控制、专利权或政府特许权都会形成垄断，规模经济还会形成自然垄断，因此，市场经济下不可避免地会产生垄断。

假定某个经济利润为零的完全竞争行业现在变成了一个垄断行业，则垄断企业利润最大化的价格和产量与完全竞争时比较的结果是垄断者在生产较少产量的情况下，收取了较高的价格，如图 8-1 所示，垄断造成了低效率。

图 8-1 表明，垄断不但减少了消费者剩余，使消费者福利受到损失，而且还造成了无谓损失，减少了消费者和生产者的总剩余，社会福利也受到了损失。垄断者的价格歧视将会攫取更多的消费者剩余，加剧社会收入分配的不公平。

当垄断企业根据 MR=MC 决定产量时，产品价格必然高于边际成本，垄断企业通过限制产量提高价格，实现了自身的利润最大化目标。但是这种垄断价格使一些对生产者和消费者都有益的交易无法进行，抑制了需求，减少了总剩余，社会福利受损，产生了无谓损失。因此，垄断者生产的产量小于社会需求产量，垄断未能有效地配置资源，造成了资源的浪费。

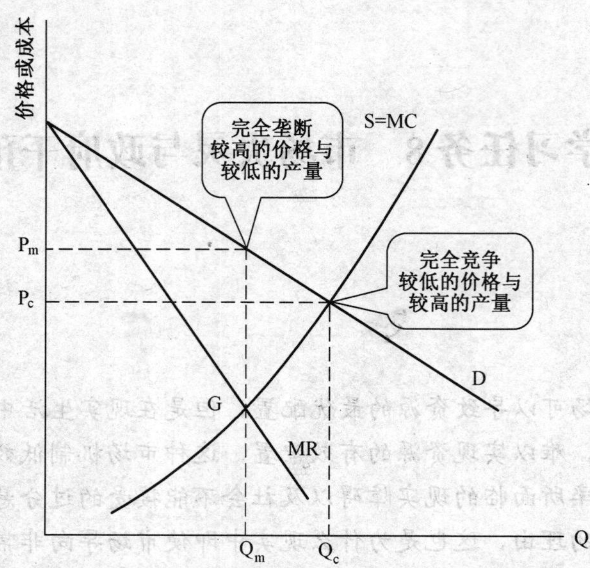

图 8-1　完全垄断与完全竞争下的价格与产量比较

完全竞争行业的边际成本曲线就是供给曲线，供求均衡的价格与产量分别是 P_c 和 Q_c，完全垄断企业的价格与产量分别 P_m 和 Q_m，垄断价格高于边际成本，垄断者会生产较少的产量，而收取较高的价格。

8.1.2　对垄断的干预

垄断是有问题的，这不仅仅是因为垄断使产出受限制而导致资源配置的低效率，还因为垄断者赚取经济利润是以消费者的福利损失为代价的，如图 8-2 所示。针对垄断造成的市场失灵，为提高经济效率，减少社会福利损失，兼顾社会公平，政府常采取经济的、行政的和法律的手段管制垄断行为。

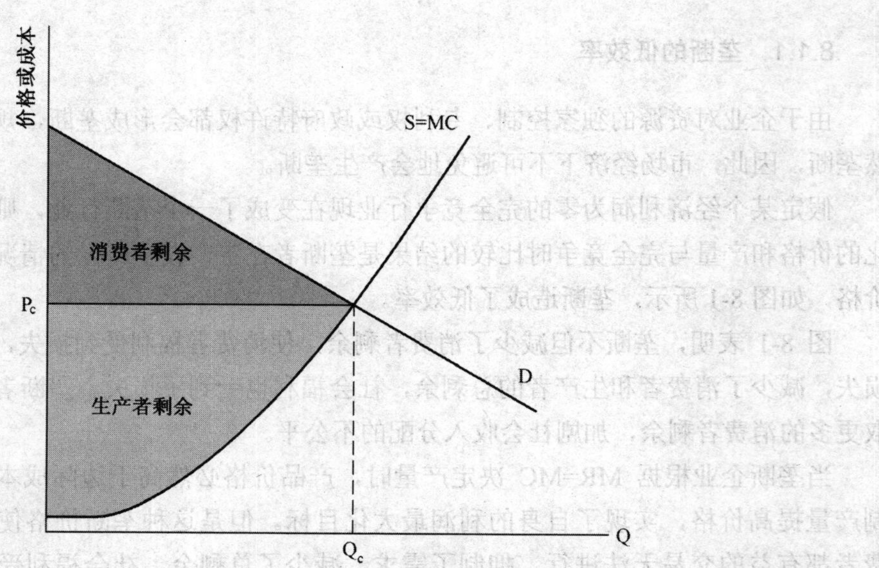

（a）完全竞争能使消费者和生产者的总剩余最大化

图 8-2　垄断的福利损失

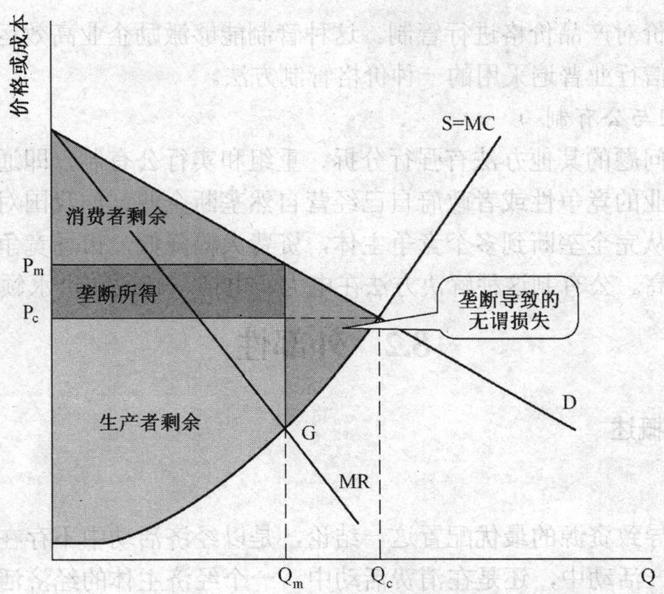

（b）完全垄断时的消费者、生产者剩余和无谓损失

图 8-2　垄断的福利损失（续图）

相对于完全竞争行业供求均衡的价格 P_c 与产量 Q_c，垄断提高了价格降低了产量，攫取了消费者剩余，产生了无谓损失。

1. 反垄断法

反垄断法最早起源于美国，以 1890 年颁布的《谢尔曼法》为标志。第二次世界大战结束后，不少国家也开始了反垄断的立法工作。反垄断法一般通过禁止滥用独占地位、监控并购行为和禁止卡特尔联合操纵市场的行为维护竞争的自由性。

近 20 年来，随着世界各国经济政策转向民营化、放松管制和促进竞争，各国反垄断立法的步伐大大加快了，在电信、电力、煤气等传统被视为自然垄断的行业也引入了竞争机制。我国反垄断立法是随着经济体制改革、社会主义市场经济的建立而开始的，是改革开放的产物。1980 年国务院发布的《关于开展和保护社会主义竞争的暂行规定》是中国关于保护市场竞争的最早的行政性法规。随着经济体制改革的深入，全国人大常委会和国务院逐步颁布了一些涉及反垄断的法律，其中最重要的是《反不正当竞争法》。《反不正当竞争法》规定的 11 种被禁止的行为，有 5 种属于反垄断的范畴，6 种属于反不正当竞争的范畴。《反不正当竞争法》的内容涵盖了反垄断和反不正当竞争两个方面。

2. 价格管制

政府解决垄断问题的另一个办法是管制垄断者的价格，不允许他们收取想收取的价格，但是政府应该为垄断者确定多高的价格也不是件容易的事情。一些结论认为，当管制使垄断企业的价格等于边际成本时，就能使垄断造成的社会福利损失降低到最小程度，实现资源的最优配置。但是对于边际成本定价相对平均总成本递减的自然垄断企业而言，研究表明这种定价法将使企业的平均总成本高于价格，而导致企业亏损。边际成本定价的另一个主要障碍是有关企业的生产成本，政府总是没有受管制的企业了解得多，因此，根据边际成本定价往往很难实施。常见的价格管制主要是价格上限管制，政府明确规定允许企业制定的最高价格，即通过制定最高限价对产品价格进行管制。这种管制能够激励企业高效运营并较好地控制成本，是被电力与通信行业普遍采用的一种价格管制方法。

3. 分拆、重组与公有制

政府解决垄断问题的其他办法有强行分拆、重组和实行公有制，即通过对行业的强行分拆、重组，增强行业的竞争性或者政府自己经营自然垄断企业。如我国对电信业的多次分拆与重组，使电信业从完全垄断到多个竞争主体，资费大幅降低，市场竞争更加充分，服务水平也得到了显著提高。公有制这种解决方法在电力、电话、邮政和供水领域比较常见。

8.2 外部性

8.2.1 外部性概述

1. 外部性

完全竞争可以导致资源的最优配置这一结论，是以经济活动中不存在外部性为前提的。事实上，无论在生产活动中，还是在消费活动中，一个经济主体的经济活动往往会对其他经济主体产生影响。若源于某个经济主体的经济活动产生的收益被其他人无偿获得或分享，或该经济主体的经济活动产生的成本被强加给他人承担，则称该经济活动具有外部性。对其他经济主体有利的影响称为正外部性或外部经济，不利的影响称为负外部性或外部不经济。生产活动中的外部性称为生产的外部性，消费活动中的外部性称为消费的外部性。

例如，吸烟者的行为危害了被动吸烟者的身体健康而无需为此进行补偿时，消费就产生了负外部性。又如，某企业为员工提供的某种特殊能力培训被该员工用于服务其他企业，而该企业又无法索回培训费用或得到某种形式的补偿时，这种培训就产生了正外部性。再如当企业生产中排放的废气污染了空气，或该企业排放的废水污染了土地或水源，环境破坏的后果被强加给附近的人们承担时，生产就产生了负外部性。

2. 外部成本与外部收益

若将产品或服务的生产者负担的成本称为私人成本，则可将由其他人而非生产者承担的生产一种产品或服务时的成本称为外部成本，私人成本与外部成本之和称为社会成本，即由整个社会负担的成本。同理，若将产品或服务的生产者获得的收益称为私人收益，则我们可将由其他人而非生产者获得的生产一种产品或服务时的收益称为外部收益，私人收益与外部收益之和称为社会收益，即由整个社会获得的收益。

英国经济学家庇古指出：如果要达到社会总福利最大化，任何经济活动的边际社会收益都要与边际社会成本相等。

8.2.2 外部性与资源配置效率

由于具有正外部性的外部经济的生产或消费活动会产生外部收益，而具有负外部性的生产或消费活动会产生外部成本，而生产者和消费者都是从私人收益与私人成本的角度进行决策的，因此，外部性会造成私人成本和社会成本，以及私人收益和社会收益的不一致，势必会强化具有负外部性的活动，抑制具有正外部性的活动，最终影响资源配置的效率。

如环境污染行业的生产存在负外部性，从成本与收益的角度考察，并不是要停止任何有污染的生产，而是要了解这种具有负外部性的生产对资源配置的影响，并考虑提高资源配置效率的对策。若以 MC 表示环境污染行业的边际成本，MSC 表示产品的边际社会成本，则有 MSC=MC+边际外部成本，故生产负外部性的存在必然使 MSC>MC。若再用 D 表示行业的需求曲线，则行业需求曲线就是产品的边际社会收益曲线 MSB。由于有效率的最优产量水平由边际社会收益曲线 MSB 与边际社会成本 MSC 确定，因此，MSC 与 MC 曲线的关系以及有效率时的最优产量如图 8-3 所示。

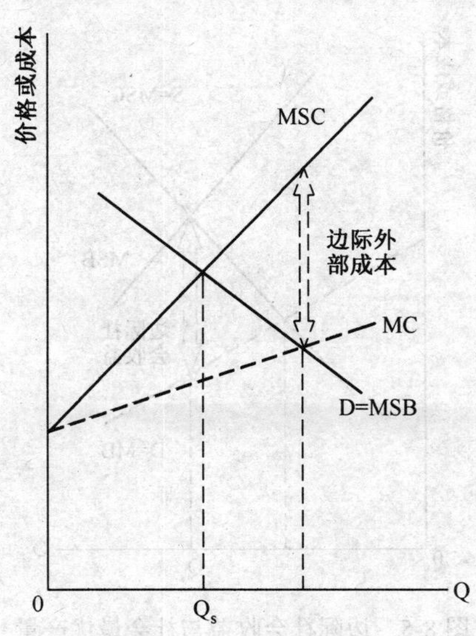

图 8-3　边际外部成本与社会最优产量

负外部性使边际社会成本曲线 MSC 在边际私人成本曲线 MC 的上方，边际外部成本是两者之差。社会最优产量 Q_S 由 MSC 与 MSB 的交点确定。

图 8-4 表明，在企业未偿付生产过程中的全部成本的条件下，存在负外部性的生产会使产量超过社会最优的产出水平，导致社会福利的无谓损失。

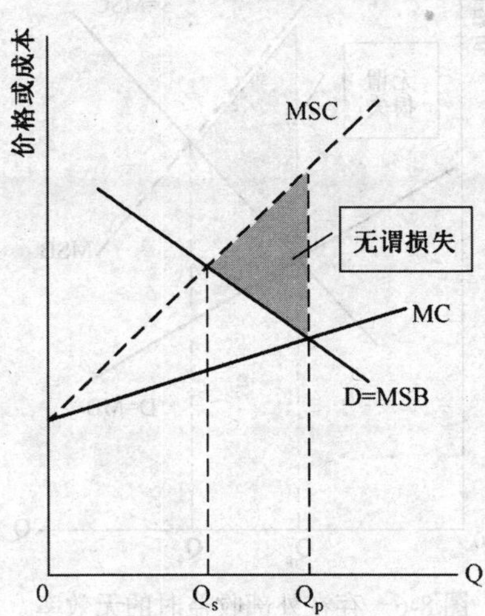

图 8-4　存在外部成本时的无效率

由于 Q_P 产量水平下的边际社会成本大于边际社会收益，因此大于社会最优产量 Q_S 的市场均衡量是无效率的，会产生如图所示的因污染的外部性造成的无谓损失。

又如具有正外部性的教育行业，由于人们在做出上学决策时只考虑其私人成本和私人收益，不会考虑受教育的外部收益，因此，如果教育都由私立学校通过全额收费来提供，那么受教育的人数就会明显减少，导致社会福利的无谓损失。这种具有正外部性时的边际社会收益与社会最优产量情况如图 8-5 所示，存在外部收益时的无效率情况如图 8-6 所示。

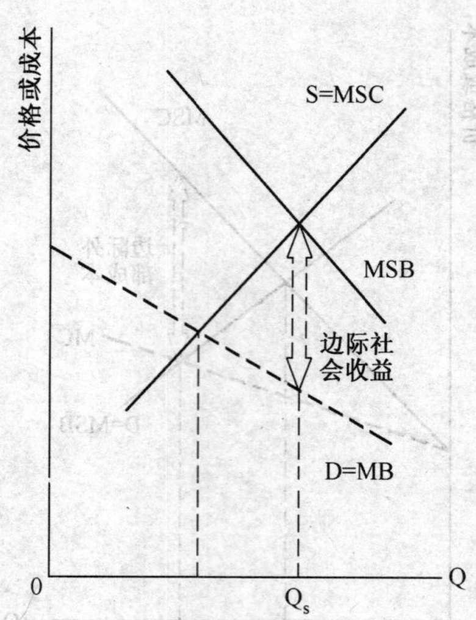

图 8-5　边际社会收益与社会最优产量

正外部性使边际社会收益曲线 MSB 在边际私人收益曲线 MB 的上方，边际外部搜易是两者之差。社会最优产量 Q_S 由 MSB 与 MSC 的交点确定。

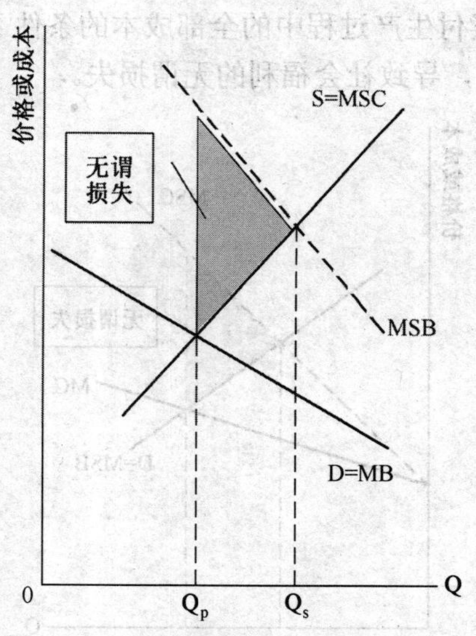

图 8-6　存在外部收益时的无效率

由于 Q_P 产量水平下的边际社会收益大于边际私人收益，因此小于社会最优产量 Q_S 的市场均衡量是无效率的，会产生如图所示的因正外部性造成的无谓损失。

8.2.3　外部性问题的治理

因为外部性会强化具有负外部性的活动，抑制具有正外部性的活动，影响资源配置的效率，导致市场失灵，因此，政府有必要对市场机制的运行过程进行干预，提高资源配置的效率。

外部性问题的治理方式可分为直接管制和间接管制。直接管制是指政府通过制定标准、颁布相应的法令、法规和条例或发放许可证等方式，明确谁能进入，谁不能进入，强制性地规定什么是必须遵守的，以及违反规定的惩罚措施。间接管制的基本思路是让外部性问题内部化，即对经济主体在经济活动中所产生的外部成本或外部收益，通过适当的制度安排将其转化为私人成本或私人收益，引导生产者选择符合社会成本或社会收益的最优产量水平。间接管制有税收、补贴以及一体化等治理方式。

1. 外部成本的治理

除直接管制外，政府治理外部成本的方法主要有税收、排污费和可交易许可证。

当生产具有负外部性（如污染）时，政府可用税收来刺激生产者降低过高的产出水平。假定政府能够准确计算外部成本，并且能够严格按照边际外部成本的大小来征税，那么只要政府把税收确定在边际外部成本的水平上，由企业自身负担自己生产中的外部成本，就能迫使生产者考虑原本被忽略的相关成本，使企业生产的边际私人成本等于边际社会成本，企业的私人最优产量也就是社会最优产量。经济学中将这种税收称为庇古税，庇古税的效果如图 8-7 所示。

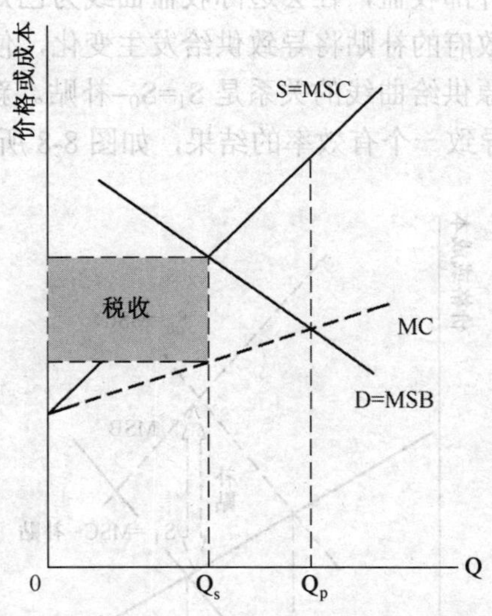

图 8-7　税收对负外部性生产的影响

由于严格按照边际外部成本的大小来征税，供给曲线由私人边际成本曲线与税收相加而成，因此，征税使原来的均衡产量达到了有效率的社会最优产量水平 Q_S。

排污费是对产生外部成本的污染者收税的一种替代方法。这种方法按照政府确定的单位污染的征收费用，根据企业排污的多少进行收取，污染产生得越多，要缴纳的排污费也就越多。

显然，无论是直接管制还是税收或者排污费的征收，都能够增加污染者的排污成本，有助于抑制污染。虽然理论上只要政府能够确定社会所能承受的各种污染的程度，制定各行业所允许的排污标准或者确定准确的税收水平、制定合理的排污费的收费标准，就能够保证经济的效率，但是，现实中却不大可能实现。可交易许可证是避免政府收税或收费的一种新方法。这种方法由政府确定污染水平并将排放额度适当地分配给生产者，允许企业自己选择污染水平并将剩余的额度在许可证市场上进行交易。在这种治理方式下，通过促使排污量大、治污成本较高的企业只能购买许可证进行排污，而使排污量小、治污成本较低的企业能够从出售许可证中获益的机制设计，鼓励企业努力治理污染，提高经济效率与社会的福利水平。

2. 外部收益政策

当存在外部收益时，为了有效地配置资源，政府可以采取如补贴、减税、专利或版权或政府供应等政策措施。

补贴或减税都能够引导私人决策者在做选择时能够考虑外部收益。专利或版权是政府认可的授予产品、服务和生产工艺的发明者在一定时间内生产、使用和销售的排他性权利。虽然专利鼓励发明与创新，但是专利在使新思想的研发者能够防止其他人在一定时间内从中免费受益的同时，也就形成了垄断，使社会必须为此付出一定的代价。尽管如此，我们应该权衡的是鼓励发明与创新的收益与暂时垄断成本的大小，因为如果没有对持有者的保护，人们开发新产品、新服务与新工艺的努力就会减弱，速度就会减缓。

补贴是政府对生产者的一种补偿。下面以学校教育补贴为例，说明补贴对均衡的影响。

假定在没有补贴的情况下，市场自发形成的均衡入学人数为 Q_p，相应的市场供给曲线 S_0 是社会边际成本曲线，需求曲线 D 是消费者的私人边际利益曲线，即 S_0=MSC，D=MB。

如果政府能够准确计算外部收益，社会边际收益曲线为已知，并按照边际外部收益的大小对学校进行补贴，那么，政府的补贴将导致供给发生变化，使供给曲线下移，记新的供给曲线为 S_1，则新供给曲线与原供给曲线的关系是 S_1=S_0−补贴。新的市场均衡将使边际社会成本等于边际社会收益，从而导致一个有效率的结果，如图 8-8 所示。

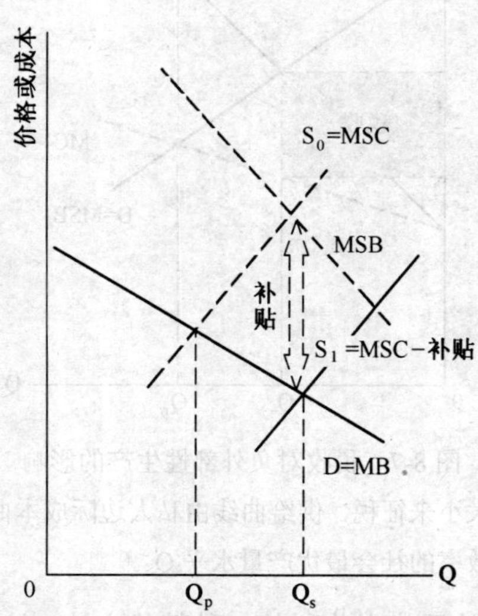

图 8-8 补贴对正外部性生产的影响

按边际外部收益对学校的补贴将使供给曲线从 S_0 移动到 S_1，市场均衡入学人数从 Q_p 增加到边际社会成本等于边际社会收益时的 Q_s。补贴实现了有效率的结果。

3. 一体化治理方式与产权

当一个企业的生产影响到另外一个企业时，若影响是积极的（正外部性），则第一个企业的生产就会低于社会最优水平；反之，如果影响是消极的（负外部性），则第一个企业的生产就会高于社会最优水平。如果把这两个企业合并，则此时的外部性就消失了，即被“内部化”了。由于此时不再存在外部性，即合并后的企业的私人成本与私人收益也就是社会成本与社会收益，因此，这种将企业一体化的治理方式能够使资源配置达到帕累托最优状态，这就是所谓的一体化的解决办法。考虑到这种一体化的合并规模往往必须足够大，合并不容易达成，因此，用一体化的方法来解决外部性问题也有一定的局限性。

产权就是法律上建立起来的对某种资源的排他性所有、使用和处置方面的权利。美国经济学家科斯提出了解决外部性问题的新思路，即只要最初的产权是明确的，私人之间的交易活动是无成本的，则私人之间达成的契约同样可以解决外部性问题。也就是说，只要产权是明确的，并且其交易成本为零，那么无论在开始时将财产权赋予谁，由于交易各方把所有的成本和收益都考虑进去了，外部性已经内部化了，因此，此时就不会有外部性问题，市场均衡的最终结果都是有效率的，无需政府干预。

例如，某工厂产生的大量噪声影响了附近居民的生活质量，而该厂可以通过安装静音设备解决噪声问题。现已知安装静音设备的费用是 3 千元/月，附近居民因生活环境受到污染而导致的福利损失为 8 千元/月。假定居民拥有安静生活环境不受噪声污染的权利，可以预见附近居民会行使这种权利，迫使工厂每月花费 3 千元安装静音设备，以免为补偿居民生活环境受到污染而导致的更高的福利损失；假定工厂拥有产生噪声的权利，同样可以预见附近居民愿意每月花费 3 千元为工厂安装静音设备。在上述例子中，只要产权归工厂或居民是明确的，则他们中任何一方都愿意每月花费 3 千元安装静音设备来消除噪声污染，解决生产中的外部影响问题。

在某些场合，有关当事人相互协商和谈判，也能够导致有效率的结果，这一科斯定理所阐明的结论是以产权清晰且交易成本可以不用考虑为条件的。交易成本是指围绕自由交易而发生的任何谈判或使契约强制执行的成本。交易成本不同于生产中所耗费的资源成本，如劳动力成本、资本或土地成本等，它包括信息成本、谈判成本、订立或执行契约的成本、防止交易的参与者在议价时进行诈骗的成本、维持所有权的成本以及监督和执行成本等。如果交易成本过大，通过市场机制也许无法有效地解决外部性问题，难以使资源达到有效配置状态，这就决定了在许多场合仍然需要某种形式的政府干预。

8.3 公共物品

8.3.1 公共物品与市场失灵

尽管像污染之类的具有负外部性的问题是我们日常关注的热点，但从经济学的角度看，具有正外部性的问题也许更为重要。这类产品由私人生产势必导致供给不足，有些具有极端正外部性的物品更是如此。由于私人提供不足，因此这些具有极端正外部性的物品必须有政府的介入，以便鼓励这些物品的生产。

公共物品是与私人物品相对应的一个概念。私人物品是市场上常见的需要购买才能消费的物品，而公共物品则是个人不论是否愿意购买都能够从中获益的物品。

从物品的消费特征来考察，私人物品是具有竞争性和排他性消费特征的商品或劳务，公共物品则是具有非竞争性和非排他性消费特征的物品。所谓竞争性是指一个人对该物品的使用会减少其他人的使用数量，如饮料、食品、服装、住房、汽车、水资源以及对拥挤的收费或免费公园等；非排他性是指难以通过特定的技术手段排斥他人使用，否则代价将非常高昂。消费者只有付费购买才能消费或使用的商品都属于排他性物品，但是有些不收费的物品也属于排他性物品，如水资源、海洋生物、拥挤的免费公园或拥挤的不收费路桥等。依据物品排他性和竞争性状况，物品可划分为私人物品、公共物品（或纯公共物品）、公共资源和准公共物品，如图 8-9 所示。

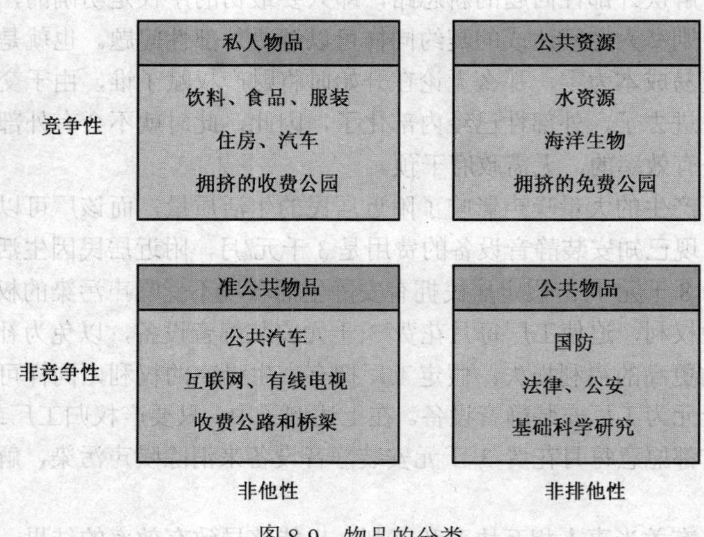

图 8-9　物品的分类

公共物品消费上的非竞争性表明，人们对该物品的使用不会减少其他人的使用数量，增加一个消费者不会使供给者增加成本。该特性决定了它不仅可以让许多人同时消费，而且还可以反复消费，因而公共物品的生产具有明显的正外部性。国防是最典型的具有极端正外部性的公共物品，只要有人提供，就会对所有人产生公平的影响，不论人们是否愿意付费，没有人能够被排除在外。所以，公共物品若由私人生产必然会导致供给不足，产量低于合理产量水平，造成社会福利损失和资源浪费，即市场失灵。

由于公共物品是无论个人是否愿意购买，都能够从中受益的物品，因此，任何购买公共物品的人都不可能因付费而独占该物品所带来的全部效用或收益，也不能阻止别人无偿享用该物品。所以，消费者缺乏对公共物品的支付激励，必然会产生搭便车问题——不承担任何成本而消费或使用的行为。免费搭车问题会使企业降低提供公共物品的愿意，甚至不愿意进行生产，这都决定了具有极端正外部性的公共物品难以通过市场机制由企业和个人来提供，而只能由政府或其他非政府的公共组织根据边际社会效益等于边际社会成本的方式来生产。

正因为如此，政府的一个主要职责就是为社会提供诸如与国家安全、社会稳定有关的国防、法律秩序、公安、消防、交通安全和基础科学研究等公共物品。公共物品主要由政府来提供，这些公共物品的生产费用的筹措通常采取税收方式强制地进行分摊。

8.3.2 共有地的悲剧

公有（或共有）资源与公共物品一样没有排他性，任何人都可以免费使用。不过，与公共物品不同的是公有资源具有竞争性，一个人的使用会减少其他人的享用。

1968 年英国学者加勒特·哈丁（Garrett Hardin）教授发表了《共有地的悲剧》一文，文中讲述了一个现在称为“共有地的悲剧”或“公地的悲剧”的故事，大致如下。

设想在一个小村里，该村的人最重要的经济活动是养羊。村上的许多家庭都有自己的羊群，并通过出售羊毛来养家。

该村没有一个家庭拥有土地，村里的土地是居民集体拥有的，是村里的共有地，所有的居民被允许在这块地的草场上放羊。

大部分时间羊在村周围土地的草场上吃草。因为土地很大，每个人都可以找到他们想要的有良好草场的地方，居民在草场上免费放羊没有引起什么问题。

时光流逝，村里的人口在增加，村里共有地草场上的羊也在增加。由于羊的数量日益增加而土地是固定的，土地开始失去自我养护的能力，最后，土地变得寸草不生。由于共有地上没有草，养羊不可能了，该村曾经繁荣的羊毛业消失了，许多家庭就失去了生活的来源，乡村也衰落了。

什么原因引起这种悲剧？如何避免这样的悲剧？自然成为了人们关注的问题。

哈丁教授分析认为，在公共草地上，每增加一只羊会有两种结果：一是获得增加一只羊的收入；二是加重草地的负担，并有可能使草地过度放牧。由于每个牧羊者都希望自己的收益最大化，牧羊者看到有利可图会不顾草地的承受能力而增加羊群数量，羊群不受限制地进入，牧场就被过度使用，草地因过度放牧而衰竭，牲畜因食物不足而饿死，悲剧就这样发生了。

显然，由于共有地很大，初期在共有地上放牧没有产生什么问题是因为此时共有地的使用并没有导致明显的竞争性，共有地还不是共有资源，而可以看做是具有非竞争性和非排他性消费特征的公共物品。随着草地上牧羊数量的增加，共有地使用上的竞争性才逐渐凸显出来，共有地便成为了具有竞争性和排他性消费特征的共有资源。所以，共有地的悲剧应该源自对于共有资源的使用。

古希腊哲学家亚里士多德早就指出过共有资源的问题：“许多人共有的东西总是被关心最少的，因为所有人对自己东西的关心都大于与其他人共同拥有的东西。”共有地悲剧这个故事得出一个一般性结论：当一个人使用共有资源时，他减少了其他人对这种资源的享用。由于这种负外部性，共有资源往往被过度使用。

政府在解决共有地的悲剧问题上可以采取的政策措施主要有管制、税收或产权制度安排。为减少共有资源的过度使用，政府可通过拍卖共有资源的有限量的使用许可证，把资源使用总量控制在一定的限度内。与许可证制度类似，政府也可以通过对共有资源的使用者征税的方式进行管理。另外，政府还可以把共有资源变为私人物品，即通过确定产权，将土地划分到各个家庭，并使之免于过度放牧。

征税的缺陷，是不容易确定一个恰当的税率。税率过高，私人边际成本高于社会边际成本，就会导致资源利用不足，否则，又会导致资源过度使用。如果有关产权的界定和维护的成本过高，产权制度安排就难以被采用。

学习自测8

一、判断题

1. 在消费者数量达到一定的数量以前，增加公共物品的消费者数量一般不影响其他人对该商品的消费，例如外交、国防、家用笔记本电脑和路灯等。（ ）

2. 政府提供的产品都是公共物品。（ ）

3. 经济制度属于一种公共产品。（ ）

4. 寻租是市场失灵的一种表现。（ ）

5. 市场失灵是指市场完全不好。（ ）

二、单选题

1. 为了提高资源配置的效率，一般来说政府会对那些自然垄断部门的垄断行为采取（ ）措施。

A．坚决反对　B．加以支持　C．加以管制　D．任其发展

2. 垄断市场出现资源配置的低效率是由于企业将产品价格制定在该产品的边际成本之（ ）。

A．下　B．上　C．相等　D．都有可能

3. 商品的正外部性是指（ ）。

A．生产的社会边际成本高于生产的私人边际成本

B．生产的社会边际成本低于生产的私人边际成本

C．社会得到的边际效益等于商品生产者得到的边际收益

D．社会得到的边际效益小于商品生产者得到的边际收益

4. 准公共产品具备（ ）。

A．非竞争性和非排他性

B．非排他性和一定的竞争性

C．排他性和一定的非竞争性

D．非排他性和竞争性

5. 一经济活动存在外部经济是指该活动的（ ）。

A．私人成本大于社会成本　B．私人成本小于社会成本

C．私人利益大于社会利益　D．私人利益小于社会利益

6. 某一项经济活动属于外部不经济活动，那么该经济活动的（ ）。

A．私人成本大于社会成本　B．私人收益大于社会收益

C．私人成本小于社会成本　D．私人收益小于社会收益

7. 对负外部性的商品，必须（ ）。

A．一律禁止　B．让“看不见的手”调节

C．让社会调节　D．由政府加以限制或禁止

8. 如果上游工厂污染了下游居民的饮水，按科斯定理（ ），问题即可妥善地解决。

A．不管财产权是否明确，只要交易成本为零。
B．只要产权明确，且交易成本为零。
C．只要财产权明确，不管交易成本有多大。
D．不论财产权是否明确，交易成本是否为零。

9．某项经济活动存在外部不经济时，其产量（　　）帕累托最优产量。
A．大于　　B．小于
C．等于　　D．以上三种情况都有可能

10．政府提供的物品（　　）公共物品。
A．一定是　　B．不都是　　C．大部分是　　D．少部分是

11．公共产品的定价（　　）。
A．由市场供求决定　　B．由垄断组织通过竞争决定
C．用成本—效益分析法进行评估　　D．由购买者决定

12．“搭便车”现象是对下面问题中（　　）的一种形象的比喻。
A．社会福利问题　　B．公共选择问题
C．公共产品问题　　D．市场失灵问题

13．下列存在搭便车问题的物品是（　　）。
A．收费的高速公路　　B．收学费的学校
C．路灯　　D．私人经营的商店

14．科斯定理说明（　　）。
A．产权界定的重要性　　B．收入分配的重要性
C．产业结构的重要性　　D．经济增长的重要性

三、简答题

1．什么是市场失灵？市场失灵的原因有哪些？
2．试简述公共产品的几个特点。
3．简述有哪些潜在的资源配置的方式可能解决外部性问题？

学习任务9　国民收入与经济增长

宏观经济学针对整个社会的经济活动，分析国民经济的发展状态及其运行规律，从总量上考察和分析国民收入、物价水平等经济总量的决定和波动，研究宏观经济的运行机制以便政府恰当地运用财政政策、货币政策等工具有效地调控经济。总产出或总收入、一般物价水平和总就业状况是宏观经济的三大总量指标，通常分别用国内生产总值（GDP）及其增长率、物价指数和失业率来衡量。经济增长率、失业率和通胀率的变化关系到一国穷富和稳定，是宏观经济学和政府关心的重点。防止和解决经济衰退、失业、通货膨胀和国际收支失衡等经济问题，实现经济稳定和持续的高速增长、充分就业、物价稳定和国际收支平衡是政府宏观经济政策的四大目标。本章主要介绍国民收入的核算指标——GDP，并通过考察一些国家的经济增长历程研究影响一国经济增长的主要因素，理解"一国的生活水平取决于它生产物品与劳务的能力"这一有关整体经济如何运行的经济学原理的涵义。

9.1　国内生产总值及其构成

9.1.1　国内生产总值

在国民收入核算中，总产出和总收入通常用国内生产总值（Gross Domestic Product，GDP）来衡量，国内生产总值（GDP）是一个国家在某一既定时期内生产的所有最终产品与劳务的市场价值。

由于每一次交易都有买方和卖方，对一个整体经济而言，总收入必定等于总支出，因此，GDP 同时衡量了经济中所有人的总收入与用于经济中物品与劳务的总支出。一国的 GDP 总量除以人口总量所得的数值就是人均 GDP，人均 GDP 反映了经济中平均每个人的收入与支出，是一国居民经济福利情况的重要衡量指标，同时也反映了一个国家的经济发展程度。

GDP 衡量了使人们过上幸福生活的能力，了解 GDP 及其构成有助于明确 GDP 到底包括了什么和遗漏了什么，也有助于理解为何 GDP 会被称为福利的衡量指标。

在理解 GDP 的含义时，应注意以下几点：

（1）GDP 是用货币加以衡量的，衡量的是在本国领土范围内生产的最终产品与劳务的市场价值。

（2）某一个时期的 GDP 只计算该时期新生产产品与劳务的价值，时期的长度通常是一年、一个季度或一个月。例如，在二手汽车交易中发生的劳务费应计入当前 GDP 中，而二手车的价值则不应该包括在当前的 GDP 中。

（3）GDP 包括经济中生产并在市场上合法出售的所有有形和无形的产品，但不包括非法生产与销售的东西。

（4）为避免重复计算，GDP 只计算最终产品与劳务的价值，而不包括中间产品。最终产品是指那些作为整个生产的结果而直接进入最终使用过程的物品，中间产品是指作为生产要素继续投入生产过程中的产品。

（5）GDP 一般仅指市场活动产生的价值。家务劳动、自给自足生产等非市场活动不计入 GDP。

9.1.2　国内生产总值的构成

国内生产总值有三种核算方法——支出法、收入法和生产法。

支出法，又称为最终产品法，是从最终产品的使用出发，把一年内整个社会购买的各项最终产品和劳务支出加总，计算该年内生产的产品和劳务的市场价值。支出法将最终产品和劳务分为四个组成部分：消费支出（C）、投资支出（I）、政府购买（G）和净出口（NX）。用这种核算方法计算的国内生产总值可以表示为：

$$GDP = C+I+G+NX$$

上面所列的核算项目中，消费支出（C）指居民个人消费支出，包括购买耐用消费品、非耐用消费品和劳务等方面的支出，但建造住宅方面的支出一般包括在固定资产投资中，而不包括在消费支出内。

投资（I）是指增加或更换资本资产（包括厂房、住宅、机械设备及存货）方面的支出，是以牺牲当前消费来增加将来消费的经济行为。投资可分为固定投资和存货投资两部分：固定投资包括居民住房投资和企业固定投资；存货投资是指企业持有存货数量的变化。

政府购买（G）是指各级政府在购买商品和劳务方面的支出，包括政府在国防、公共设施和教育方面的支出以及政府对雇员的薪金支出等。政府购买只是政府支出的一部分，政府支出的另一部分如政府转移支付、公债利息等都不计入 GDP。政府转移支付是指政府不以取得本年生产出来的商品与劳务作为报偿的支出，包括政府在社会福利、社会保险、失业救济、贫困补助、老年保障、卫生保健、对农业的补贴等方面的支出。

净出口（NX）就是出口减去进口得到的差额。国际贸易会使得一个国家的居民、企业和政府在购买最终产品方面的支出与其总产出出现不相等的现象。在本国购买别国生产的产品，这些进口产品应从总购买中减去；反之，在国外销售本国产品，则这些出口产品就应当加到购买产品中去。若以 X 表示出口额，M 表示进口额，则净出口 NX=X−M，净出口额为正值称为贸易顺差，净出口额为负值称为贸易逆差。

依据我国现行的统计体系，用支出法计量的 GDP 分为消费、资本形成（即投资）和净出口三大项，政府支出不作为独立一项。1980～2008 年，支出法下我国 GDP 的构成情况如表 9-1 所示。

表 9-1 1980～2008 年我国 GDP 的构成 （单位：亿元）

年份	GDP	最终消费	资本形成	净出口
1980	4592.9	3007.9	1599.7	-14.7
1985	9076.7	5986.3	3457.5	-367.1
1990	19347.8	12090.5	6747.0	510.3
1995	63216.9	36748.2	25470.1	998.6
2000	98749.0	61516.0	34842.8	2390.2
2001	108972.4	66878.3	39769.4	2324.7
2002	120350.3	71691.2	45565.0	3094.1
2003	136398.8	77449.5	55963.0	2986.3
2004	160280.4	87032.9	69168.4	4079.1
2005	188692.1	97822.7	80646.3	10223.1
2006	221651.3	110595.3	94402.0	16654.0
2007	263093.8	128793.8	110919.4	23380.6
2008	306859.8	149112.6	133612.3	24134.9

资料来源：国家统计局，《中国统计年鉴（2009）》。

GDP 也可以从收入的角度进行计算，从收入角度计算 GDP 的方法称为收入法或要素支付法。收入法将各种生产要素所得到的收入分为工资、利润、利息和租金，将工资、利润、利息、租金加总就得到国民收入（National Income，NI），然后在国民收入基础上加上间接税和折旧就可得到 GDP，即 GDP=NI+间接税+折旧。间接税如企业交纳的营业税、消费税、增值税等，是指纳税义务人不是税收的实际负担人，企业能够用提高价格或提高收费标准等方法把税收负担转嫁给别人的税种。折旧则是对一定时期内因经济活动而引起的固定资本消耗的补偿。按收入法与支出法计量的 GDP 从理论上说是相等的，但在实际核算中常有误差存在。

我国依据收入法统计的 GDP 分四项：

（1）劳动者报酬：指劳动者因从事生产活动得到的全部报酬，包括货币工资、实物工资和社会保险三部分。

（2）生产净税额：生产税费（因从事生产活动使用生产要素如固定资产、土地、劳动力向政府交纳的各种税金、附加费和规费）减去生产补贴后的差额。

（3）固定资产折旧：为了弥补固定资产在生产过程中的价值损耗而提取的价值。

（4）营业盈余：经济活动增加值在扣除了劳动者报酬、生产税净额和固定资产折旧之后的余额，主要指企业的营业利润。

我国现行的统计制度，把国民经济分为农业、采掘业、制造业、化学工业、建筑业、商业饮食业、金融保险业等 17 个部门。根据提供产品与服务的各部门的产值来计算 GDP 的方法称为生产法或部门法。GDP 的不同统计法从不同的方面反映了国内生产总值及其构成，这三种方法计算的 GDP 理论上都是相等的，实际结果因统计误差难免有出入。产品支出法是 GDP 最基本的统计方法。

9.1.3 名义 GDP 与实际 GDP

由于 GDP 是一国在一定时期所有最终产品和劳务的市场价值总和，是最终产品和劳务的数量与各自价格乘积之和，因此，产品和劳务的数量和价格的变动都会引起 GDP 的变动。换言之，GDP 的变动既可能是因产品和劳务的数量变动引起的，也可能是因产品和劳务的价格的变动引起的。这就意味着 GDP 的增长有可能完全来自价格的上涨，而不是产品和劳务的数量的增加。为了弄清楚 GDP 的增加在多大程度上是由于物价上升而不是由于生产数量的增加而引起的，就需要区分名义 GDP 和实际 GDP。

名义 GDP 是指用生产物品和劳务的当年价格计算的全部最终产品和劳务的市场价值，实际 GDP 是指使用某固定期（基期）的价格计算出来的全部最终产品和劳务的价值。按不变价格评价产品和劳务价值的实际 GDP 能够剔除价格变化的影响，反映生产活动成果的实际变动情况。因此，实际 GDP 也称为不变价国内生产总值。

假设某一社会只有两种最终产品：衣服和面包。两种物品在 2008 年（基期）和 2009 年（报告期）的产量和价格如表 9-2 所示。

表 9-2　衣服和面包的数量和价格

年份	衣服产量（件）	衣服价格（元）	面包产量（条）	面包价格（元）
2008	100	100	50	1
2009	150	120	60	1.2

据此，我们可以计算名义 GDP 和以 2008 年为基期的实际 GDP。计算过程如表 9-3 所示。

表 9-3　名义 GDP 和以 2008 年为基期的实际 GDP 计算过程

年份	名义 GDP（元）	实际 GDP（元）
2008	100×100+50×1=10050	100×100+50×1=10050
2009	150×120+60×1.2=18720	150×100+60×1=15060

作为基期的 2008 年的实际 GDP 与名义 GDP 都是 10050 元，计算结果表明 2009 年的实际 GDP 为 15060 元，低于名义 GDP 18720 元。

我国 2000 年以来调整后的名义 GDP 数据如表 9-4 所示。

表 9-4　2000 年以来我国的名义 GDP 情况表　（单位：亿元）

年份	2000	2001	2002	2003	2004	2005	2006	2007
名义 GDP	99215	109655	120333	135823	159878	183217	211924	257306

资料来源：国家统计局，《中国统计年鉴（2009）》。

由于考虑到随着经济的不断发展，各行业的价格结构也会不断发生变化，因此，为了更好地反映这种变化对于经济的影响，我国在计算不变价国内生产总值时每隔若干年调整一次基期。我国自开始核算国内生产总值以来，共有 1952 年、1957 年、1970 年、1980 年、1990 年、2000 年、2005 年 7 个不变价基期，目前的基期是 2005 年。表9-5 给出了我国 2000 年以来按不同基期分段计算的实际 GDP 数据。

表 9-5　2000 年以来我国的实际 GDP 情况表　（单位：亿元）

年份	2000	2001	2002	2003	2004	2005	2005	2006	2007
实际 GDP	99215	107450	117208	128959	141964	156775	183217	204556	231228
基期	2000 年						2005 年		

资料来源：国家统计局，《中国统计年鉴（2009）》。

在 2005 年更换基期的年份里，表 9-5 显示有两个“实际 GDP”数据，其中一个是按 2000 年基期价格计算的，另外一个则是按新基期价格计算的。根据表 9-4 和表 9-5 中的数据可得 2000 年～2007 年我国名义 GDP 与实际 GDP 对照图，如图 9-1 所示。

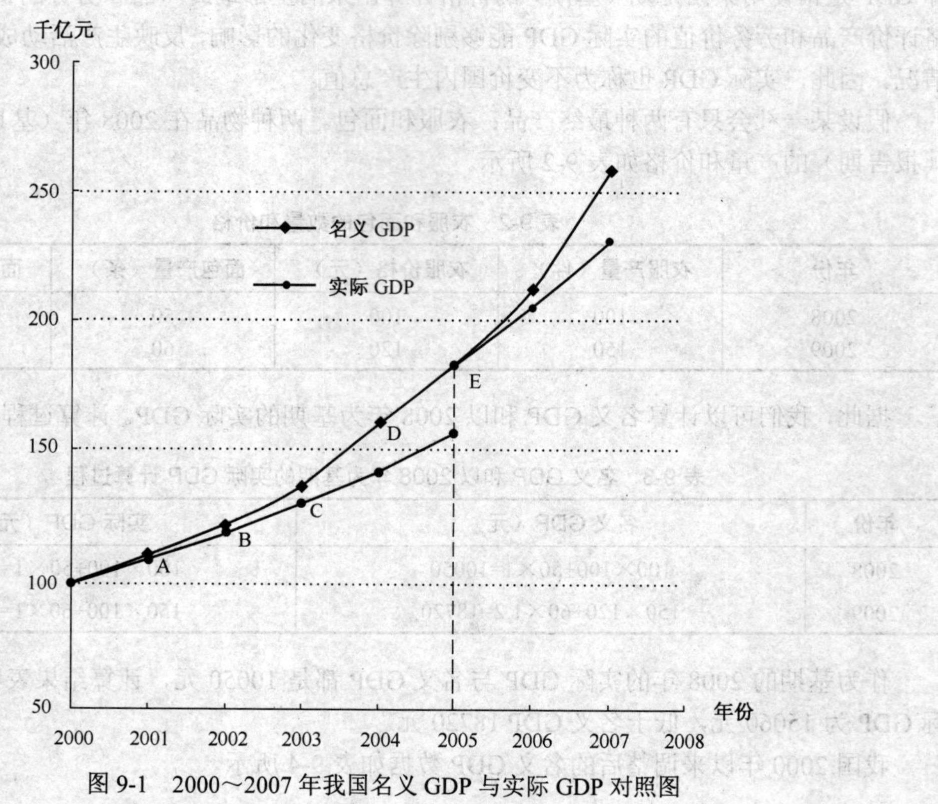

图 9-1　2000～2007 年我国名义 GDP 与实际 GDP 对照图

9.1.4　GDP 与经济福利

在国民收入核算中，由于 GDP 既衡量经济中的总收入，又衡量经济中用于物品与服务的总支出，因此，人均 GDP 反映出平均每个人的收入与支出，自然就成为了一国居民经济福利的衡量指标。虽然 GDP 并不是衡量经济福利的一个完美的指标，GDP 也不可能直接衡量所有那些使生活有意义的东西，但是 GDP 常被认为是社会经济福利最好的衡量指标。

正如高收入的人更容易买得起生活必需品和奢侈品一样，收入是判断一个人经济上是否成功的重要指标。同理，人均 GDP 也是判断一个国家是贫穷还是富裕的主要指标，较高的 GDP 容易让人们享有高质量的生活。1980～2008 年我国人均 GDP 情况如表 9-6 所示。

表 9-6 1980～2008 年我国人均 GDP 情况表 （单位：元）

年份	1980	1985	1990	1995	2000	2001	2002	2003	2004	2005	2006	2007	2008
人均 GDP	463	858	1644	5046	7858	8622	9398	10542	12336	14053	16165	19524	22698

资料来源：国家统计局，《中国统计年鉴（2009）》。

根据上述数据，可绘制我国人均 GDP 变化趋势图，如图 9-2 所示。

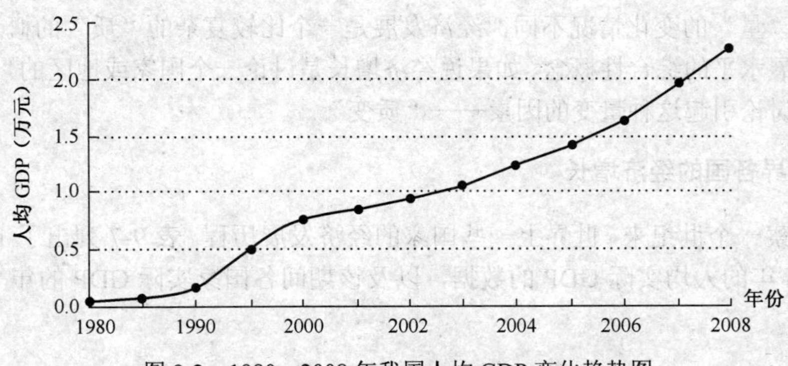

图 9-2 1980～2008 年我国人均 GDP 变化趋势图

图 9-2 显示我国的人均 GDP 在 1990～2000 年这十年间获得了极大提高，2000 年后一直保持持续较快增长的势头。在一国人口变化不大的情形下，GDP 的增加意味着人均 GDP 的增长，两者的增长率会非常接近。因此，GDP 和人均 GDP 是可相互替代的社会经济福利的衡量指标。

虽然 GDP 通常被称为社会经济福利最好的衡量指标，但是 GDP 也并不是社会经济福利完美的衡量指标，这主要与 GDP 的核算内容有关。因为 GDP 不可能直接衡量所有使生活有意义的东西。例如，有些高污染企业在创造 GDP 的同时带来了严重的环境污染，使周围居民无法正常生活，生活质量下降，而企业并没有为此承担任何成本，这些经济活动增加了一国的 GDP，但并不意味着人们的经济福利也获得同等程度的增加；又如由于 GDP 只用市场价格评价物品和劳务，非市场交易活动在 GDP 中无法得到体现，因此，GDP 遗漏了在家庭中生产的物品和劳务的价值；再如环境质量、黑市交易等都无法反映到一国的 GDP 中。

不过，尽管 GDP 指标不能完全反映人们的经济福利，存在着对人们经济福利低估或高估的现象，但 GDP 仍然是一个非常有用的指标，因为它确实衡量了人们提高生活质量的能力，较高的 GDP 无疑意味着容易享受到较好的医疗保健、较好的教育质量、更好的住房等。由于在衡量经济福利时实际 GDP 指标要优于名义 GDP 指标，因此，当经济学家探讨经济增长与发展时，通常都使用实际 GDP 而不是名义 GDP。

9.2 经济增长

9.2.1 经济增长的内涵

经济增长是指一个国家或地区在一定时期内所生产的产品和服务总量的不断增加。长期以来，各国都将经济增长视为重要的经济和政治目标。

在宏观经济学中，经济增长通常用以固定价格计算的某种表示人均国民收入的指标的变化率来衡量，目前应用最广泛的是以不变价格计算的国内生产总值，即实际国内生产总值。经济增长应当以实际的国内生产总值的增长率来度量，或者考虑人口变动的影响采用人均国内生产总值的增长率来度量。此外，国民生产总值与国内净产值等变量也可以用来度量经济增长。

经济学中通常使用经济增长和经济发展这两个概念来分析国民经济的运行过程。与经济增长单纯考察“量”的变化情况不同，经济发展是一个比较复杂的“质”的概念，是一个反映经济社会发展水平的综合性概念。如果说经济增长是讨论一个国家或地区的“量变”，那么，经济发展则是讨论引起这种量变的因素——“质变”。

9.2.2 世界各国的经济增长

下面先考察一个世纪来，世界上一些国家的经济发展历程。表 9-7 列出了 13 个国家 100 多年前与 2006 年的人均实际 GDP 的数据，以及该期间各国家实际 GDP 的年平均增长率的大小。

表 9-7 不同的增长经历

国家	时期	期初人均实际 GDP*（美元）	期末人均实际 GDP*（美元）	年增长率（%）
日本	1890～2006	1408	33150	2.76
巴西	1900～2006	729	8880	2.39
中国	1990～2006	670	7740	2.34
墨西哥	1900～2006	1085	11410	2.24
德国	1870～2006	2045	31830	2.04
加拿大	1870～2006	2224	34610	2.04
阿根廷	1900～2006	2147	15390	1.88
美国	1870～2006	3752	44260	1.83
印度	1900～2006	632	3800	1.71
英国	1870～2006	4502	35580	1.53
印度尼西亚	1990～2006	834	3950	1.48
孟加拉国	1900～2006	583	2340	1.32
巴基斯坦	1900～2006	690	2500	1.22

*实际 GDP 以 2006 年美元衡量。

资料来源：N.格里高利·曼昆经济学原理（第 5 版）：宏观经济学分册，P46。

根据表 9-7 中的数据，可以绘制出各国在大致相同的时期内的期初、期末人均实际 GDP 情况，如图 9-3 所示。

图 9-3 直观地显示了不同国家生活水平的巨大差距，以及一个世纪来各国生活水平改善程度方面的巨大差异。例如，美国的人均收入约为中国的 6 倍，印度的 12 倍；在过去的约一百年中，美国、英国、加拿大、日本和德国的经济飞速发展，将其他国家远远地甩在了后面；印度

尼西亚、印度、巴基斯坦和孟加拉国 2006 年的生活水平甚至不及英国一个世纪前的生活水平；在一个多世纪的发展过程中，巴基斯坦和孟加拉国等国家的生活水平并未出现较大的改善。与英美生活水平的极大提高相比，贫穷国家生活水平的改善程度明显相形见绌了。

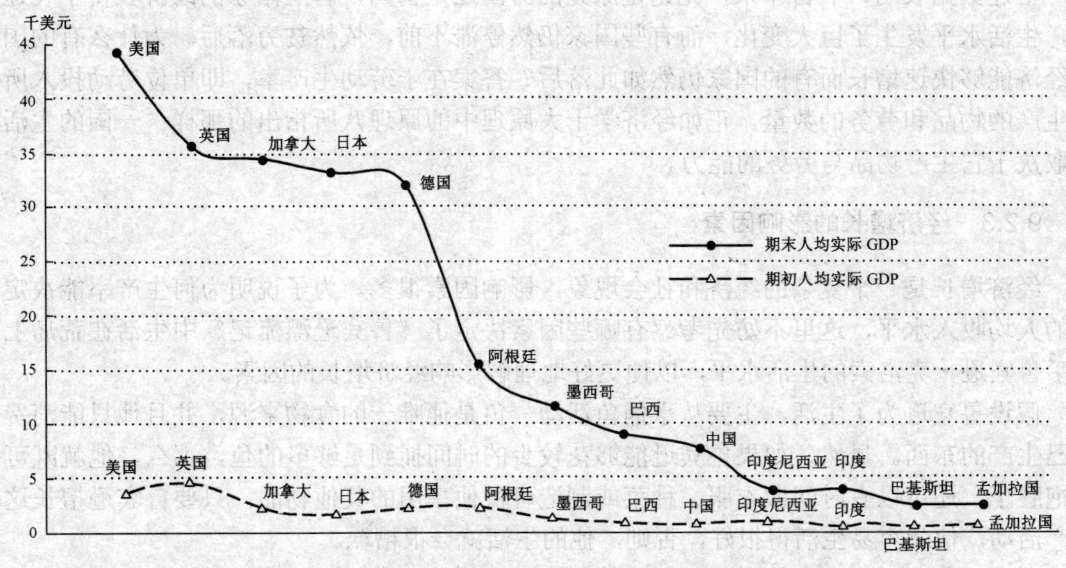

图 9-3 各国期初、期末人均实际 GDP 情况对照图

表 9-7 的最后一栏列出了每个国家的年平均增长率。以中国 1990 年和 2006 年的人均实际 GDP 估计值为 670 美元与 7740 美元为例，年增长率为 2.34%，意味着从 1990 年开始，每年都在原来的基础上增长 2.34%，106 年后的 2006 年就达到了 7740 美元。图 9-4 按照各国实际 GDP 从大到小的排序，显示了各国 GDP 年平均增长率的高低情况。

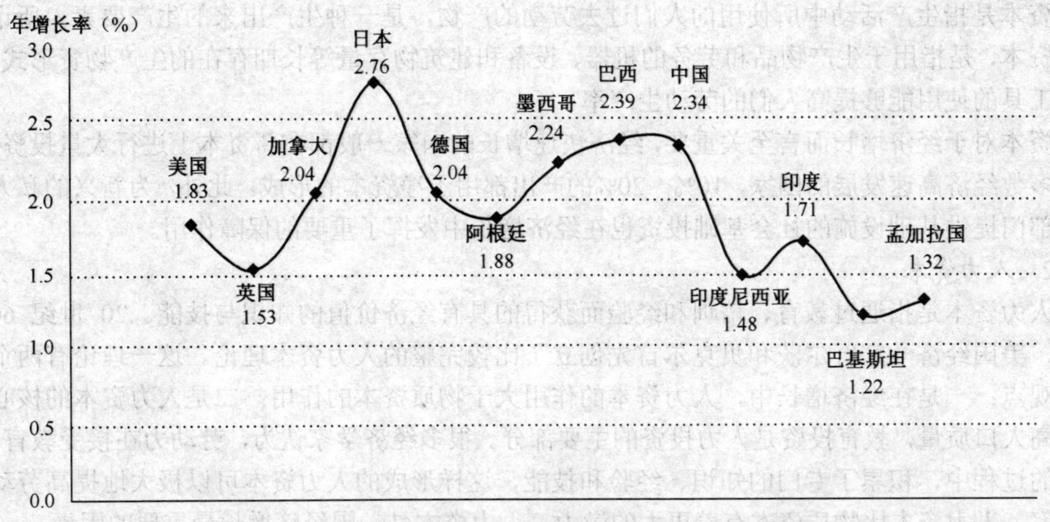

图 9-4 各国实际 GDP 的年平均增长率对照图

日本是经济增长率最高的国家，年平均增长率为 2.76%。一个世纪前的日本并不是一个富国，人均收入只比墨西哥略高一点，远落后于阿根廷，但是，由于其惊人的增长速度，日

本现在已经是一个超级大国，人均收入是墨西哥与阿根廷的 2 倍多，已与德国、加拿大和英国相当。1870 年的英国是世界上最富裕的国家，人均收入是加拿大的 2 倍，但是英国现在的人均收入水平与加拿大相当，且比美国低 20%左右。

上述数据表明，一百年来，无论是原先的穷国还是富国，有些国家的经济获得了飞速发展，生活水平发生了巨大变化，而有些国家仍然停滞不前，依然贫穷落后。为什么有的国家的经济能够快速增长而有的国家仍然如此落后？答案在于劳动生产率，即单位劳动投入所能够生产的物品和劳务的数量。正如经济学十大原理中的原理八所指出的那样：一国的生活水平取决于它生产物品与劳务的能力。

9.2.3 经济增长的影响因素

经济增长是一个复杂的经济和社会现象，影响因素很多。为了说明为何生产率能决定一国的人均收入水平，这里不妨先考察有哪些因素决定了《鲁宾逊漂流记》中生活在荒岛上的水手鲁宾逊·克洛索的生活水平，以便更好地理解影响经济增长的因素。

假设鲁宾逊为了生活，主要从事捕鱼活动，鱼是他唯一的食物来源，并且他只能消费他自己生产的东西。显然，如果鲁宾逊能够花较少的时间捕到足够多的鱼，那么，他就既可以填饱肚子，还可以有时间做衣服、种菜或制造可供他享用的其他物品。只要鲁宾逊擅长这些生产活动，他就容易生活得很好，否则，他的生活就会很糟糕。

所以，鲁宾逊生产率的增长是提高他的生活水平的决定因素。鲁宾逊可以通过制造有效的捕鱼工具、更好地掌握捕鱼的技术、寻找合适的捕鱼场所、发明更好的鱼饵等方式提高捕鱼的效率。这些决定鲁宾逊捕鱼效率的因素在经济学中被区分为物质资本、人力资本、自然资源和技术进步。物质资本、人力资本、自然资源以及技术进步都是影响现实经济增长的重要因素，是经济增长的源泉。

1. 物质资本

资本是指生产活动中所使用的人们过去劳动的产物，是一种生产出来的生产要素。所谓物质资本，是指用于生产物品和劳务的机器、设备和建筑物存量等长期存在的生产物资形式。劳动工具的使用能够提高人们的劳动生产率。

资本对于经济增长而言至关重要，经济快速增长的国家一般都在新资本上进行大量投资，在大多数经济高速发展的国家，10%～20%的产出都用于净资本的形成。此外，为新兴的私人投资部门提供基础设施的社会基础投资也在经济增长中发挥了重要的保障作用。

2. 人力资本

人力资本是指通过教育、培训和经验而获得的具有经济价值的知识与技能。20 世纪 60 年代，美国经济学家舒尔茨和贝克尔首先创立了比较完整的人力资本理论。这一理论有两个核心观点：一是在经济增长中，人力资本的作用大于物质资本的作用；二是人力资本的核心是提高人口质量，教育投资是人力投资的主要部分。很多经济学家认为，劳动力在接受教育、培训的过程中，积累了专门的知识、经验和技能，这样形成的人力资本可以极大地提高劳动生产率。人力资本比物质资本有着更大的潜力，人力资本是一国经济增长最重要的因素。

3. 自然资源

自然资源是指自然界天然存在的未经人类加工的资源，如土地资源、矿产资源、水利资源、生物资源、气候资源等。自然资源是自然界提供的生产投入，它有两种形式：可再生的与不可再生的。可再生资源如森林或以一定的速度不断消失的阳光等。石油是不可再生资源，是自然界几百万年形成的，其供给十分有限，一旦枯竭，是不可能再创造出来的。自然资源的差别会导致世界各国家生活水平上的差异，如中东一些富有的国家是因为它们正好拥有比较丰富的石油资源。但是，自然资源并不是在生产物品和劳务方面具有高效率的一个必要条件。例如，尽管日本自然资源缺乏，但它仍是目前世界上最富有的国家之一。日本进口大量所需要的资源，再向自然资源丰富的经济体出口其制成品，国际贸易实现了日本的高速经济增长。

4. 技术进步

除了上述的三个因素之外，经济增长还依赖于第四个重要因素：技术进步。马尔萨斯在1798 年发表的《人口学原理》中有一个著名的预言：人口增长超越食物供应，会导致人均占有食物的减少。然而，在过去的近两百年间，尽管世界人口增长了 6 倍，但是由于农药、化肥、机械化农业设备、新作物品种以及其他技术的进步，人类创造力的增长抵消了人口增加所产生的影响，较少的农业劳动的投入就能够生产出更大的产量，现在少数人的劳动就能够养活全球 60 亿人口，不但使食物供应超越了人口增长，而且还使人们的生活水平得到了极大的提高。

与一个世纪前相比，今天生活水平的极大提高很大程度上来源于技术进步，这是一个无法否认的事实。不断的技术创新与进步使我们不断地改进物品与劳务的生产方法，生产潜力也获得不断地提高。

9.2.4 实现经济增长的政策与措施

既然一国的生活水平取决于它生产物品与劳务的能力，物质资本、人力资本、自然资源以及技术进步是影响经济增长的四大因素，那么，无论是穷国还是富国，都必须凭借它们促进经济的增长和发展，鼓励生产要素的积累并保证这些要素尽可能得到有效的运用，来提高本国的生产能力。具体而言，政府可以通过鼓励储蓄和投资、发展教育、保护产权并维护政治稳定、促进新技术的研究与开发等途径来提高生产率和人们的生活水平。

由于资本是一种生产出来的生产要素，因此，提高未来生产率的一种方法是把更多的资源投入到物质资本的生产。所以，国家可以通过鼓励储蓄和投资，抑制现期消费以形成长期的生产能力。在当前贸易全球化的背景下，虽然许多资源都可以在国际市场上购买到，但是每个国家的生产活动往往必须依靠本国的劳动力，而受过良好教育的人会成为具有更高生产能力的劳动力，他们不仅能更好地利用物质资本，而且更能适应新技术的发展，所以，发展教育、提高人口质量自然成为了一国实现长期经济增长的必要条件。另外两项政策措施的提出显然是基于保护产权与维护政治稳定是市场经济能够正常运行的前提条件，以及技术创新与变革在经济增长中的重要作用。

学习自测 9

一、单选题

1. 下列（　）应计入当年 GDP。

A．购买一辆旧车　　B．农民自己生产自己消费的粮食

C．蛋糕厂购入的 5 吨面粉　　D．银行从企业获得的贷款利息

2．实际国民生产总值增加是由于（　）。

A．物价水平上升　　B．最终产品与劳务增加

C．失业率上升　　D．存在温和的通货膨胀

3．下列哪一项不是转移支付（　）。

A．退伍军人津贴　　B．失业救济金

C．贫困家庭补贴　　D．以上答案都不对

4．下列哪一种方法是提高经济增长率的最好方法（　）。

A．发现新的自然资源　　B．发明新技术

C．提高人口增长率　　D．降低人口增长率

5．下列哪一种情况不是贫穷国家经济发展的主要障碍（　）。

A．人口增长　　B．跨国公司的存在

C．低储蓄率　　D．国际债务

二、简答题

1．计算 GDP 的基本方法有哪些？

2．名义 GDP 和实际 GDP 有什么区别？

3．为什么考察一国的经济增长情况通常使用实际 GDP 进行比较？

4．经济增长的影响因素主要有哪些？

三、计算题

在 2001 年，某个经济生产 100 个面包，每个以 2 美元的价格售出。在 2002 年，这个经济生产 200 个面包，每个以 3 美元的价格售出。

（1）计算每年的名义 GDP 和实际 GDP（2001 年为基年）。

（2）与 2001 年相比，2002 年的名义 GDP 和实际 GDP 分别提高了百分之几？

学习任务 10　通货膨胀与失业

通货膨胀意味着货币的贬值，失业意味着没有工作，这是有关通货膨胀与失业的一种常识。虽然我们已经习惯于在通货膨胀的经济环境下生活，但是我们并没有经历过货币快速贬值的通货膨胀，也很少有人要承受长期失业的痛苦。经济学中到底如何界定通货膨胀与失业？两者各有哪些类型？对经济有什么影响？这些自然都是我们关心的问题。

通货膨胀的成因是什么？这里将从介绍一般物价水平的衡量开始，学习有关整体经济如何运行的最后两个原理，即"当政府发行了过多货币时，物价上升"与"社会面临通货膨胀与失业之间的短期权衡取舍"。

10.1　物价水平的衡量

一般物价水平是指物价总水平，而不是指个别商品的物价水平。物价变动的相对数称为物价指数，物价指数是衡量多种商品或服务的物价水平相对变动程度的经济指标。GDP 缩减指数、居民消费价格指数（CPI）和生产者价格指数（PPI）等都是常用的衡量物价水平的经济指标。

10.1.1　GDP 缩减指数

在学习任务 9 中，我们计算了当某一社会只有两种最终产品时的名义 GDP 和实际 GDP 的大小，根据表9-3 的计算结果，进一步计算可得 2009 年的名义 GDP 和实际 GDP 相对上一年的增长率分别为 86.27%和 49.85%（如表 10-1 所示），实际 GDP 的增长率远小于名义 GDP 的增长率。

表 10-1　名义 GDP 和实际 GDP 增长率计算表

名义 GDP 增长率	实际 GDP 增长率
(18720–10050)/ 10050×100%=86.27%	(15060–10050)/ 10050×100%=49.85%

为了反映名义 GDP 的增加在多大程度上是由于产品价格的上涨而引起的，可以用名义 GDP 与实际 GDP 的比率来综合反映产品价格的上涨程度，既定时期内的名义 GDP 与实际 GDP 的比率称为该时期内的 GDP 缩减指数或折算指数，用百分比表示的缩减指数计算公式可以表示为：

$$\text{GDP 缩减指数=(名义 GDP/实际 GDP)}\times 100$$

用表 9-3 中的数据可求得 2009 年的 GDP 缩减指数＝（18720/15060）×100＝124.3，即 2009 年的一般物价水平比 2008 年上涨了 24.3%。

由于 GDP 缩减指数是以经济中生产的全部物品和劳务为计算基础，计量了报告期相对基期物价总水平的变化，所以，它常被用于度量通货膨胀程度。无论 2008 年是不是基期，根据 GDP 的缩减指数就可以计算通货膨胀率。通货膨胀是指一般价格水平的上升，价格指数在一定时期内变化的百分比称为通货膨胀率。用 GDP 的缩减指数表示的 2009 年相对 2008 年的通货膨胀率的计算公式可表示为：

$$\text{通货膨胀率}=\frac{\text{2009 年的 GDP 缩减指数}-\text{2008 年的 GDP 缩减指数}}{\text{2008 年的 GDP 缩减指数}}\times 100\%$$

10.1.2　消费者价格指数

消费者价格指数（Consumer Price Index，CPI）也称为居民消费价格指数，是世界各国普遍编制的一种物价指数。消费者价格指数反映了一定时期内与居民生活密切相关的产品及劳务价格的综合变动趋势和程度，是最常用的衡量物价水平和通胀率的指标，也是政府制定物价政策和工资政策的重要依据。

我国的居民消费价格指数既按城乡分别编制城市居民消费价格指数和农村居民消费价格指数，也按全社会编制全国居民消费价格总指数。消费价格指数是根据消费者所购买的一篮子物品与劳务计算得到的，目前包括食品、烟酒及用品、衣着、家庭设备用品及服务、医疗保健及个人用品、交通和通讯、娱乐教育文化用品及服务和居住共八大类，251 个基本分类，约 700 个代表品种。表 10-2 给出的是 2011 年 1 月我国居民消费价格分类指数情况。

表 10-2　我国居民消费价格分类指数表（2011 年 1 月）

项目名称	上年同月=100			上年同期=100		
	全国	城市	农村	全国	城市	农村
居民消费价格指数	104.9	104.8	105.2	104.9	104.8	105.2
一、食品	110.3	110.2	110.7	110.3	110.2	110.7
粮食	115.1	114.8	115.6	115.1	114.8	115.6
肉禽及其制品	110.9	110.5	111.9	110.9	110.5	111.9
蛋	119	119.5	117.7	119	119.5	117.7
水产品	111.1	111.3	110	111.1	111.3	110
鲜菜	102	101.2	104.7	102	101.2	104.7
鲜果	134.8	135.4	132.7	134.8	135.4	132.7
二、烟酒及用品	101.8	101.9	101.7	101.8	101.9	101.7
三、衣着	99.8	99.6	100.6	99.8	99.6	100.6
四、家庭设备用品及服务	101.4	101.6	100.8	101.4	101.6	100.8
五、医疗保健及个人用品	103.2	103.3	102.9	103.2	103.3	102.9
六、交通和通信	99.9	99.7	100.3	99.9	99.7	100.3
七、娱乐教育文化用品及服务	101	101	101.1	101	101	101.1
八、居住	106.8	106.8	107	106.8	106.8	107

资料来源：国家统计局，网址：http://www.stats.gov.cn。

下面举例说明消费者价格指数是如何计算出来的。假设一个典型的消费者每月购买 5 公斤油，10 公斤大米。2008 年每公斤油的价格是 10 元，每公斤大米的价格是 4 元，2009 年，每公斤油的价格是 12 元，每公斤大米的价格是 5 元。在这个典型的消费者的篮子中固定的物品包括 5 公斤油和 10 公斤大米，2008 年，一篮子商品的费用=5×10+10×4=90 元，2009 年，一篮子商品的费用=5×12+10×5=110 元。若以 2008 年为基期，2009 年为报告期，则 2009 年的消费者价格指数的计算公式是：

$$CPI=\frac{(5\times 2009\text{年油的价格})+(10\times 2009\text{年大米的价格})}{(5\times 2008\text{年油的价格})+(10\times 2008\text{年大米的价格})}\times 100$$

$$=\frac{110}{90}\times 100=122$$

CPI 等于 122，表明 2009 年相对 2008 年购买 5 公斤油和 10 公斤大米的费用上升了 22%，或者说 2009 年一篮子固定商品的价格是 2008 年的 1.22 倍。表 10-3 给出了 2000～2008 年我国居民消费价格指数（总指数）及城市和农村居民消费价格指数情况。

表 10-3　2000～2008 年我国居民消费价格指数情况表

年份	居民消费价格指数	城市居民消费价格指数	农村居民消费价格指数
2000	100.4	100.8	99.9
2001	100.7	100.7	100.8
2002	99.2	99.0	99.6
2003	101.2	100.9	101.6
2004	103.9	103.3	104.8
2005	101.8	101.6	102.2
2006	101.5	101.5	101.5
2007	104.8	104.5	105.4
2008	105.9	105.6	106.5

资料来源：《中国统计年鉴 2009 年》。

我国编制的居民消费价格指数是对城市居民消费价格指数和农村居民消费价格指数进行综合汇总计算的结果。该指数只包含消费品和服务，不包括生产资料。为此，国家统计局还编制其他的价格指数，如生产者价格指数、商品零售价格指数、农业生产资料价格指数、工业品出厂价格指数、固定资产投资价格指数以及房地产价格指数等。

10.1.3　CPI 与 GDP 缩减指数

CPI 与 GDP 缩减指数都是反映总体价格水平变动的指数，但这两种物价衡量指标之间存在以下三方面的差异：

（1）GDP 缩减指数反映了国内生产的所有物品与劳务的价格，而 CPI 只反映了消费者购买的物品与劳务的价格。因此，企业或政府购买的物品和劳务价格上升将反映在 GDP 缩减指数上，而不反映在 CPI 上。

（2）GDP 缩减指数只包括国内生产的物品和劳务，不包括进口的物品和劳务，而 CPI

中既有国内生产的物品和劳务，也有进口的物品和劳务。如进口食品价格的上升不会影响我国的GDP缩减指数，但是当这种进口食品在CPI计量的一篮子商品内时就会影响CPI。

（3）CPI计量的是一篮子既定的商品，而GDP缩减指数允许一篮子商品随GDP组成部分的变动而变动。

由于消费价格指数是人们最关注的衡量通货膨胀的指标，也是政府决策密切关注的指标，因此，确保这个物价水平衡量指标准确是非常重要的。

事实上，CPI作为生活费用变化的衡量指标也并不完美，该指数自身也存在一些难以解决的问题，主要有以下三个方面：首先，因为CPI用固定权数衡量一篮子既定商品的价格，它没有反映消费者用较低价格的商品替代价格较高商品的倾向，所以，CPI没有考虑消费者替代的可能性，相对价格变动时，CPI会高估实际生活费用的增加；其次，由于CPI没有新商品的引进，而新商品进入市场会使消费者的状况变好，有更多的选择余地，使消费者可以用更少的钱维持一种既定的生活水平，因此，CPI不能反映新商品的进入市场对消费者实际生活费用的影响；再次，CPI也不可能反映生活质量的变化。例如，近年来的技术进步使电脑的性能越来越好，但价格却越来越便宜，电脑给人们带来的生活质量的提高也没有在CPI中得到反映。尽管这样，到目前为止，CPI仍然是目前衡量生活费用变化的最好的指标。

10.2 通货膨胀

10.2.1 通货膨胀及其类型

1. 通货膨胀的概念

整体物价水平的持续上涨现象称为通货膨胀。整体物价水平是指商品和服务的价格总水平，不包括股票、债券以及其他金融资产的价格水平，也不是地区性的或某类商品和服务的价格水平。通货膨胀是指整体物价水平的“持续上涨”而不是“一时上涨”，是为了强调通货膨胀并非偶然的价格波动，而是一个“过程”，并且这个过程具有上涨的趋向。

通货膨胀率是指整体物价水平的上涨程度，它可以用以下公式衡量：

$$\text{通货膨胀率（t 年）}=\frac{\text{t年的价格水平}-(\text{t}-1)\text{年的价格水平}}{(\text{t}-1)\text{年的价格水平}}\times 100\%$$

通货膨胀并不意味着各种商品价格的同比例上涨，而是有的涨得快，有的涨得慢。实践中我们借助价格指数来衡量整体物价水平，消费者价格指数、生产者价格指数与GDP折算指数作为平均价格水平的衡量指标，常被用于度量通货膨胀程度。

2. 通货膨胀的类型

依据通货膨胀的严重程度，通货膨胀可区分为温和的通货膨胀、急剧的通货膨胀和恶性通货膨胀。温和的通货膨胀通常是指年通货膨胀率在10%以内的通货膨胀，其中3%左右缓慢的物价上涨程度称为爬行的通货膨胀，此时物价相对比较稳定，人们乐于持有货币，对货币比较信任。急剧的通货膨胀也称为奔腾的通货膨胀，是价格急速上涨的通货膨胀，通常是指通货膨胀率为两位数或三位数时的通货膨胀。在这种情形下，货币贬值非常迅速，人们只愿意持有用于日常交易所需的货币，会出现囤积商品、购置房产等现象。恶性通货膨胀也称为超级通货膨胀，是价格失去控制的通货膨胀，通常是指通货膨胀率在四位数及以上的通货膨胀。第一次世界大战之后，德国经历了一次历史上最引人注目的超速通货膨胀。德国为支付巨额赔款而大量发行货币使德国的物价以惊人的比率上升，从 1922 年 1 月到 1923 年 11 月，德国的物价指数上升了近 100 亿倍。

依据公众对通货膨胀的预期程度，通货膨胀可划分为预期的通货膨胀和非预期的通货膨胀。可预期的通货膨胀是指商品价格上涨速度在人们预料之中的通货膨胀，非预期的通货膨胀是指商品价格上涨速度不在人们预料之中的通货膨胀。

另外，根据通货膨胀的表现形态，还可以把它分为公开型通货膨胀和隐蔽型通货膨胀。公开型通货膨胀是指价格普遍放开的条件下，由各种价格指数充分反映出来的物价上涨情形。隐蔽型通货膨胀则是指价格因政府管制而维持表面上的稳定，商品和劳务供求之间的矛盾通过各种非价格的形式反映出来的情形。

10.2.2 通货膨胀对经济的影响

通货膨胀对经济的影响可以分为三个方面：对财富和收入分配的影响，对资源配置的影响以及对总体就业和产出的影响。

1. 对财富和收入分配的影响

通货膨胀对财富和收入分配的影响主要取决于人们所持有的资产与负债的种类。由于实际利率是名义利率与通货膨胀率的差额，通货膨胀时实际利率往往呈现下降趋势，因此，价格水平的急剧上升对债务人而言是一种意外的收益，通货膨胀会将一部分财富从债权人手中转移到债务人手中。在通货膨胀条件下，不仅债权人和债务人之间存在着这种财富的再分配，任何有固定支付合同的双方之间都可能发生这样的财富再分配。显然，向公众发行巨额国债的政府作为一个巨大的债务人，同样会因通货膨胀而减轻还本付息的负担。一般来说，非预期的通货膨胀有利于债务人，而不利于债权人，在通货膨胀过程中，那些靠资本收入生活的人容易遭受损失，而那些挣工资的人则容易获得收益。

2. 对资源配置的影响

在市场经济中，资源的配置是通过价格进行的。在高通货膨胀的环境中，当每月的通膨率高达 20%～30%时，各种商品价格变化频繁，人们很难区分相对的价格变化与整体的价格变化，企业和消费者将感到无所适从，难以做出正确的投资决策和消费决策。通货膨胀引起的相对价格的扭曲，也扭曲了企业的投资决策和消费者的消费决策。这样，价格在一定程度上失去了合理配置资源的作用，降低了经济效率。

几乎所有的税收都扭曲了激励，导致人们改变自己的行为，并使经济资源配置无效率。由于在通货膨胀情形下，与物价水平无关的税收制度会使税收问题变得更严重，因此，通货膨胀对税收的扭曲将加剧资源配置的无效率。

3. 对总体就业和产出的影响

一般而言，急剧的或恶性的通货膨胀对经济的稳定发展总是不利的。在通货膨胀未被充分预期的情况下，生产者可能将物价的总体上涨误认为是自己产品的相对价格的上涨，从而增加生产；工人可能将自己名义工资的上涨误解为实际工资的上涨，从而一方面增加自己劳动的供给，一方面增加自己的消费支出。也就是说，通货膨胀有可能在短期内扩大就业，刺激生产。不过当生产者发现所有商品的价格都上涨之后，他便没有扩大生产的积极性了；当工人意识到由于通货膨胀，自己的实际工资不仅没有上涨，反而下降之后，他也不会有动力去提供更多的劳动和增加消费支出了。所以，通货膨胀所带来的就业与生产扩张都是短期的，这种虚假的繁荣不可能持久。

10.2.3 通货膨胀的成因

从现象上看，通货膨胀就是物价上涨。由于形成物价上涨的原因不尽相同的，因此，通货膨胀的成因是多方面的。总的来说，物价上涨的因素可分为货币的和非货币的两大类。

如果我们把物价水平作为货币价值的一种衡量指标，那么，物价水平的上升就意味着货币价值的下降，因为单位货币所能购买的商品与劳务的数量减少了。所以，通货膨胀意味着货币贬值。正如经济学家米尔顿·弗里德曼曾指出："通货膨胀永远而且处处是一种货币现象。"货币数量论提出了商品价格决定于货币供给量的理论，认为物价水平随着货币供给量的变动而变动，当货币供给量增加时，物价水平上升，就形成了通货膨胀。换言之，每一次通货膨胀背后都有货币供给的迅速增长。目前，大多数经济学家根据这种理论来解释物价水平和通货膨胀的长期决定因素。

现代通货膨胀理论认为，通货膨胀的根源还有非货币因素，有些通货膨胀是由需求方面的原因引起的，而有些则是由供给方面的原因造成的。根据成因，通货膨胀还可区分为需求拉动的通货膨胀、成本推动的通货膨胀和结构性通货膨胀等。

1. 需求拉动的通货膨胀

需求拉动的通货膨胀也称为超额需求通货膨胀，是指由于总需求过度增长超过了总供给而引起的物价水平的上升，即太多的货币追逐太少的商品。凯恩斯认为：当经济中实现了充分就业时，如果实际总需求大于实现了充分就业的总需求，其差额就构成了"通货膨胀缺口"。由于此时总供给已经达到充分就业水平，总产量的再增加已经不可能，过度的需求就引起了物价水平的普遍上升，导致了通货膨胀。但是，实证的结论是先有货币量的持续增长，才有需求的攀升，从而导致物价持续上涨。因此，可以认为，需求拉动型通货膨胀也是货币因素引发的。

2. 成本推动的通货膨胀

成本推动的通货膨胀也称为供给通货膨胀，是指由于供给减少，导致总需求超过总供给而引起的通货膨胀。和需求拉动型通货膨胀相反，成本推动型通货膨胀是由非货币因素引发的，根源在于总供给方面。

在当代世界各国，存在各种强大的、对市场价格具有操纵力量的集团。例如，组织严密的工会、人为控制物价的卡特尔（其中最著名的为石油出口国组织），以及具有不同程度垄断性质的大企业，它们可以在总需求不变的情况下，或不顾总需求趋势如何的情况下，独立地以人为的方式提高供应价格。这种价格变动，由于并非源自需求增加，所以短期内必然引起价格上涨和经济衰退并发的现象。

如果考虑成本上升的原因，则成本推动型通货膨胀又可以分为三类：工资推动的通货膨胀、利润推动的通货膨胀和原料成本推动的通货膨胀。

工资推动的通货膨胀是指由工资的上涨而引起的物价的普遍上涨。关于工资推动的通货膨胀理论认为，工会组织对增加工资的要求是引起成本推动的通货膨胀的原因。在工会组织的要求下，劳动市场成为不完全竞争的生产要素市场，企业在许多工会会员失业的情况下，仍然支付高工资。由于工资决定中攀比原则的存在，没有工会的企业也支付高工资，因为工资低就无法留住企业所需要的工人，于是，工资成本就会普遍上涨，导致物价普遍上涨，出现通货膨胀。

利润推动的通货膨胀是指具有垄断地位的企业为实现更多的利润而提高价格所引起的一般价格水平的普遍上涨。利润推动的通货膨胀的理论认为，垄断企业作为产品供给方，不是市场价格的接受者，而是价格的操纵者，垄断企业能够操纵价格。操纵价格是一种能够得到高额利润的垄断价格。在操纵价格大量存在的条件下，会引起物价的普遍上涨，引发通货膨胀。

原料成本推动的通货膨胀是指由于进口原料的价格提高而引起的物价的普遍上涨。原料成本推动的通货膨胀的理论认为：一国从外国进口的商品，有些作为原料进入本国的生产过程。当这种进口商品的价格上涨后，本国的生产成本就会上升，推动本国物价上涨，引发通货膨胀。例如，进口石油的价格上升，就使以石油为原料的企业的生产经营成本上涨，由于劳动、原料、生产设备等引起的不足而使成本提高，从而引起价格水平逐渐上涨。

如果说需求拉动型通货膨胀对经济增长还有一定好处的话，那么，由于在成本推动型通货膨胀下，产量随物价水平的上升而下降，因此，成本推动型通货膨胀几乎无任何好处可言。

3. 结构性通货膨胀

结构性通货膨胀是指由于社会经济结构方面的因素而引起的物价水平普遍和持续的上涨。结构性通货膨胀理论认为：在没有需求拉动和成本推动的条件下，只是由于经济结构的失衡也可以引发通货膨胀。在现实经济中，有的部门劳动生产率高，有的部门劳动生产率低，有的部门属于先进部门，有的部门属于保守部门。一般说来，工业部门是劳动生产率不断提高的先进部门，而服务业则属于劳动生产率低的保守部门。劳动生产率高的生产部门提高了货币工资后，劳动生产率低的生产部门的货币工资也在“公平”原则下要求提高，否则劳动生产率低的生产部门的工人就感到“不公平”。当劳动生产率低的生产部门的货币工资也提高以后，劳动生产率低的生产部门提供的产品（或服务）的价格也必然提高，这样整个社会工资增长率高于劳动生产率的增长率，从而引发了一般物价水平持续和普遍的上涨，出现了通货膨胀。

10.3 失业

10.3.1 失业的衡量

1. 失业和失业率

根据国际劳工组织的定义，失业是指在某个年龄范围内有工作能力的人，目前没有工作并在积极寻找工作的状态。失业必须满足下面四个条件：①在某个年龄范围内；②有工作能力；③目前没有工作；④正在寻找工作。

世界各国对失业统计中的工作年龄都有不同的规定，联合国规定的劳动年龄为 16～65 岁，我国登记失业人员年龄为男 16～50 岁、女 16～45 岁。对失业的界定必须同时满足上面四个条件，没有工作的人如果他不愿意工作或超出了一定的年龄范围，即使有劳动能力也不是失业者，因为这些人不属于劳动力范畴。

国际劳工组织将成年人划分为就业者、失业者和非劳动人口。就业者和失业者之和称为劳动人口或劳动力人数，非劳动人口如在校的全日制学生或退休者。

失业既可以用绝对数，也可以用相对数来衡量。失业率是指失业人数占劳动力人数的百分比，是对失业程度的衡量。失业率可表示为：

$$失业率=\frac{失业人数}{劳动力人数}\times 100\%=\frac{失业人数}{就业人数+失业人数}\times 100\%$$

我国有两个政府部门收集失业数据，国家统计局负责城镇失业结构数据收集，劳动和社会保障部的失业数据来自地方就业服务机构统计报表。我国的城镇登记失业是指有非农业户口、在一定劳动年龄范围之内、有劳动能力、无业而要求就业，并在当地服务机构进行求职登记的人员。表 10-4 显示了我国 2000～2008 年的城镇登记失业状况。

表 10-4　2000～2008 年我国城镇登记失业状况

年份	失业人数（万人）	失业率（%）
2000	595	3.1
2001	681	3.6
2002	770	4.0
2003	800	4.3
2004	827	4.2
2005	839	4.2
2006	847	4.1
2007	830	4.0
2008	886	4.2

资料来源：《中国统计年鉴》2003 年、2008 年和 2009 年。

从表 10-4 可以看出，2000 年以来我国城镇登记失业率有所上升，但是 2002 年后失业率基本稳定在 4%左右。由于我国的失业统计范围仅包括城镇而没有包括农村，城镇失业人口对象又仅限于有城市户口的人口，没有包括来自农村但常住在城市的劳动力对象，并且失业统计中不包括下岗人员，判断人们是否失业的标准也并不健全，因此，准确全面地反映我国失业问题的失业统计体系尚需进一步的完善。

2. 自然失业率

失业是市场经济中的一大痼疾，即使在当今发达国家，失业率高的时候也可达 10%以上。失业意味着劳动力资源的闲置浪费，生产和收入水平因此而减少，财政收入下降而支出增加。失业不仅带来经济上的损失，还会带来家庭矛盾、犯罪率上升、病人人数增加，乃至罢工等一系列社会政治问题。因此，失业是政府最感头痛的经济和社会难题。

自然失业率是指经济运行最好的时候也难免的失业率，即在充分就业状态下仍然存在的失业率。充分就业状态下的总产出水平称为潜在总产出，此时的经济增长率即为潜在的经济增长率。在宏观经济学中，自然失业率、充分就业和潜在的经济增长率只是从不同角度表达了同一个意思。

关于失业的产出损失，美国经济学家奥肯（Arthur Okun）曾经根据美国的经验数据，总结出一条经验规律，称为“奥肯定律”。奥肯定律揭示了就业与产出、失业率或就业率与经济增长率之间的稳定关系。其内容是：失业率每高于自然失业率 1 个百分点，实际 GDP 增长率将低于潜在 GDP 增长率 2 个百分点。换言之，实际 GDP 增长率相对于潜在 GDP 增长率每下降 2 个百分点，失业率将上升 1 个百分点。

20 世纪 90 年代，我国也存在就业与产出关系的经验规律，有一个流行的经验统计数据，即每当经济增长率下降 1 个百分点，我国的城镇失业人数将增加 100 万左右。但进入 21 世纪，由于经济结构升级，我国进入重化工业发展阶段，资本深化加速，经济增长对就业的拉动作用减弱。尽管如此，并不能否认产出与就业、增长率与失业率之间的密切关系。

3. 我国的失业率情况

我国的城镇登记失业是指有非农业户口、在一定劳动年龄范围之内（16 岁以上及男 50 岁以下、女 45 岁以下）、有劳动能力、无业而要求就业并在当地服务机构进行求职登记的人员。城镇登记失业率是城镇登记失业人员与城镇单位就业人员（扣除使用的农村劳动力、聘用的离退休人员、港澳台及外方人员）、城镇单位中的不在岗职工、城镇私营业主、个体户主、城镇私营企业和个体就业人员、城镇登记失业人员之和的比。表 10-5 显示了我国 2000～2008 年的城镇登记失业状况。

表 10-5 2000～2008 年我国城镇登记失业状况 （单位：万人；%）

年份	失业人数	失业率
2000	595	3.1
2001	681	3.6
2002	770	4.0
2003	800	4.3
2004	827	4.2
2005	839	4.2
2006	847	4.1
2007	830	4.0
2008	886	4.2

资料来源：《中国统计年鉴》2003 年、2008 年和 2009 年。

自 2000 年以来我国城镇登记失业率变化趋势如图 10-1 所示。

从图 10-1 可以看出，2000 年来我国城镇登记失业率有所上升，但是 2002 年后失业率基本稳定在 4%左右。由于我国的失业统计范围仅包括城镇而没有包括农村，城镇失业人口对象又仅限于有城市户口的人口，没有包括来自农村但常住在城市的劳动力对象，并且失业统计中不包括下岗人员，判断人们是否失业的标准也并不健全，因此准确全面反映我国失业问题的失业统计体系尚需进一步的完善。

10.3.2 失业的类型

根据失业的不同性质和特点，通常将失业分为以下几种类型：

（1）自然失业。

所谓自然失业，是指在市场经济中难以避免的正常失业。即使经济增长处于顶峰状态时，也存在一定的失业者和失业率。自然失业又包括以下两个方面：

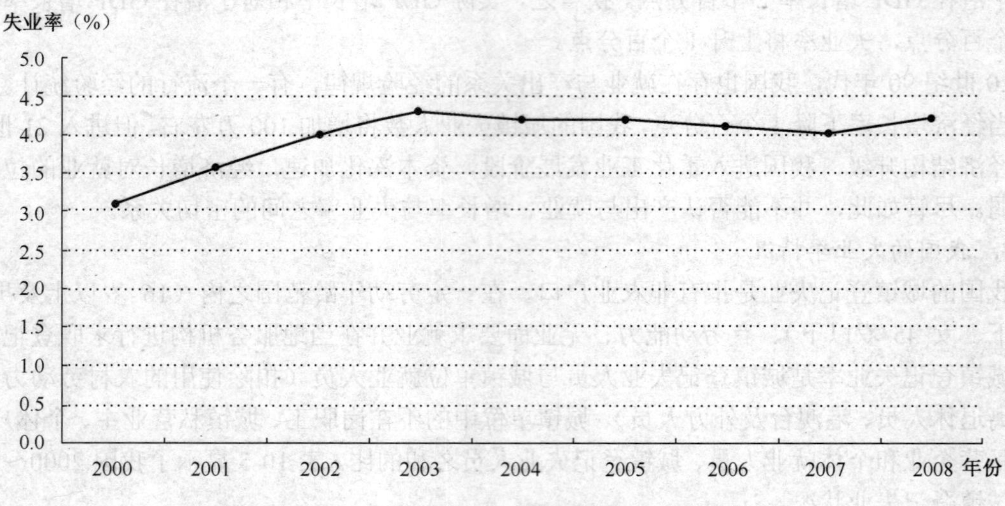

图 10-1　自 2000 年来我国城镇登记失业率变化趋势图

1）摩擦性失业。

摩擦性失业是指劳动力在部门、地区、企业之间的正常流动过程中暂时处于的失业状态。在劳动力市场上，由于劳动供求双方的自由竞争，总有一小部分劳动者要变换工作的地点、行业和企业，而寻找新的更好的工作岗位，所谓“水往低处流，人往高处走”。当其处于寻找工作中的过程时，将暂时处于失业状态。因此，摩擦性失业是一种短期性失业，如几周或几个月的时间。如果劳动力市场很完善，供求双方的信息沟通便利迅速，摩擦性失业者就会减少，失业的时间就会缩短。摩擦性失业被认为是一种正常的或自然的失业。

2）结构性失业。

结构性失业是指劳动力市场失业和空位同时并存的状况，即一些产业和地方存在失业，同时另一些产业和地方存在空余的工作岗位而找不到合适的劳动力。这是劳动供求双方的不匹配或劳动力市场的刚性所造成的。

造成结构性失业的原因主要有两个：一是技术性原因，即技术进步或社会需求变化引起产业结构调整升级，使得一方面传统的老产业出现大量被淘汰的失业者，另一方面新兴产业需要较高技能的员工却很难招聘到合意的劳动力；另一原因是制度性原因，即如果对失业者的保护过度，社会保障和福利制度过于宽裕，就会使得有一部分失业者不急于接受那些待遇较差的工作，而宁愿选择失业，在领取失业保障金和福利补助的同时，在地下劳动力市场上打零工。在发达国家中，西欧和北欧的一些国家失业率最高，即使经济情况最好的时候，也有高达近 10%的失业率，其过高的社会保障和福利制度被认为是导致高失业的重要原因。我国也存在这种体制性原因所致的结构性失业。例如，城市中有大量的苦活、脏活、重活岗位，城里人即使下岗失业了也不愿干，只好由进城的农民工承担。很显然，这种现象与我国传统的城乡二元分割的就业和福利保障制度有关。因此，在发达国家，为了激励失业者再就业，对失业保障制度进行了改革，即让领取失业保障金的数额随失业时间的延长而递减。

摩擦性失业和结构性失业合称自然失业，前者是短期性的失业，后者是长期性失业。在 20 世纪 70 年代和 80 年代，结构性失业曾经是西方发达国家自然失业的主体。最近一、二十年来，由于发达国家经济结构已完成了向知识型的服务业经济的转变，并注重对失业者和就业者的再培训和职业教育，同时对社会保障和福利制度进行了改革和完善，结构性失业已大大降低。因此，在美国的很多宏观经济学教科书中，现在都不再提结构性失业了，而把自然失业直接等同于摩擦性失业。

由于西方经济学家认为自然失业率是市场经济中难免的正常失业率，即经济运行最好的时候仍然存在的失业率，因此，他们把存在自然失业率时的就业状态视为充分就业，把此时的总产出水平视为潜在的总产出水平，此时的经济增长率即为潜在的经济增长率。所以，在当今的宏观经济学中，自然失业率、充分就业和潜在的经济增长率是从不同角度表达同一个意思的三个相关概念。

（2）周期性失业。

周期性失业是凯恩斯提出的概念，故又称“凯恩斯失业”，它是指由于经济周期性衰退而造成的失业。当经济增长率从经济周期的峰顶下滑，这种失业率就会上升。周期性失业是市场经济中面临的主要失业，也是政府宏观调控政策所要对付的难题。凯恩斯认为，总需求不足是导致周期性失业的主要原因，因此需要政府的总需求刺激政策才能减少它。

（3）隐性失业。

原计划经济及其向市场经济转轨过程中，或在发展中国家或地区，还有一种表面上看不到的失业，即“隐性失业”，它是指表面上在工作但实际上工作时间和任务不满，即“三个人的活五个人干”的那种就业不足的状态。那些实际多余的隐性失业者的边际劳动生产率为零，也就是说，如果将他们解聘，产出量并不下降。在我国现阶段，这种隐性失业的比重较大，其典型形式有两种：一是国有和集体企事业单位中大量“人浮于事”的情况；二是农村中的大量剩余劳动力。这反映了我国经济体制转型期和发展中经济的就业特征。

（4）奥肯定律。

失业是市场经济中的一大痼疾，即使在当今发达国家，失业率高的时候也可达 10%以上，低的时候，也有 5%左右的水平。失业意味着劳动力资源的闲置浪费，生产和收入水平因此而减少，财政的收入下降而支出增加。失业不仅带来这些经济上的损失，还会带来家庭矛盾、犯罪率上升、病人人数增加，乃至罢工等一系列社会政治问题。因此，失业是政府最感头痛的经济和社会难题。

关于失业的产出损失，美国经济学家奥肯（Arthur Okun）曾经根据美国的经验数据，总结出一条经验规律，被称为“奥肯定律”（Okun’s Law）。其内容是：失业率每高于自然失业率 1 个百分点，实际 GDP 增长率将低于潜在 GDP 增长率 2 个百分点。换言之，实际 GDP 增长率相对于潜在 GDP 增长率每下降 2 个百分点，失业率将上升 1 个百分点。用公式表示为：

实际失业率−自然失业率=−1/2×(实际 GDP 增长率−潜在 GDP 增长率)

奥肯定律揭示了就业与产出、失业率或就业率与经济增长率之间的稳定关系。因此，在宏观经济学中，沿袭凯恩斯的传统，总产出或总收入的决定理论也就是就业决定理论，即当总产出或总收入变化时，就业将相应发生变动。

在我国，也存在就业与产出关系的经验规律。20 世纪 90 年代，有一个流行的经验统计数据，即每当经济增长率下降一个百分点，我国的城镇失业人数将增加 100 万左右。但进入 21 世纪以来，由于经济结构升级，我国进入重化工业发展阶段，资本深化加速，经济增长对就业的拉动作用减弱，就业弹性系数（就业增长率/经济增长率）有所下降。尽管如此，并不否认产出与就业、增长率与失业率之间的密切关系。

10.3.3 失业与通货膨胀的关系

菲利普斯曲线（Phillips Curve）是经济学理论中用来表示失业率和通货膨胀率之间替换关系的曲线。

菲利普斯曲线是新西兰经济学家菲利普斯依据 1861～1957 年近一个世纪中英国失业率和货币工资变化率的关系于 1958 年绘制的一条曲线，用来表示失业率和工资变动率之间的权衡取舍。这一曲线表明，当失业率下降时，货币工资增长率就上升。由于货币工资的变动率与物价上涨率高度相关，而通货膨胀率又可用物价上涨率表示，因此，后来的经济学家就把通货膨胀率与失业率之间的关系用菲利普斯曲线来表示，如图 10-2 所示。

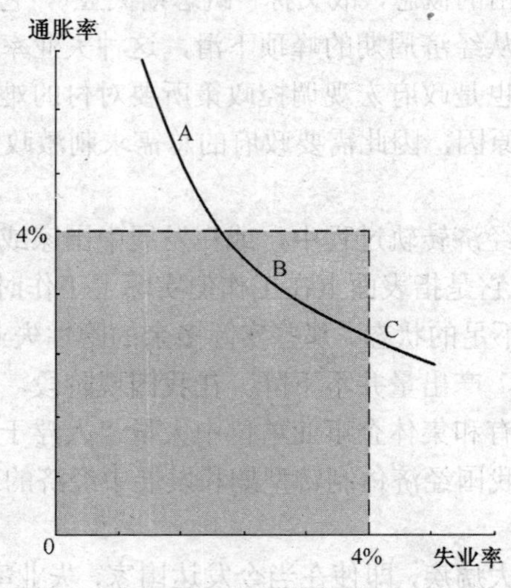

图 10-2 菲利普斯曲线

纵轴表示通货膨胀率，横轴表示失业率，曲线上点的移动表明失业率和通货膨胀率是此长彼消的交替关系。

图 10-2 中，菲利普斯曲线表示通货膨胀率和失业率的权衡取舍：低水平的失业率，伴随着高水平的通货膨胀率；反之，低水平的通货膨胀率，对应着高水平的失业率。曲线上点的移动表明失业率和通货膨胀率是此长彼消的权衡取舍。图中假定 4%的通货膨胀率和 4%的失业率为社会可以接受的临界点，那么图中的阴影部分就表示安全范围。当通货膨胀率和失业率均处在这个范围内时，如图上的 B 点，政府则不必进行干预，如果在安全范围之外，如图上的 A、C 点，政府就要采取干预措施，或者以较高的失业率来换取较低的通货膨胀率，或者相反。因此，该曲线所表明的上述关系，给各国政府的需求管理提供了一个方便的工具，成为各国政府权衡取舍的一个依据。

学习自测 10

一、判断题

1. 通货膨胀伤害了债务人而帮助了债权人，因为债务人必须支付更高的利率。（ ）

2．如果价格以一种使物价总水平不变的方式变动，那么，没有一个人的状况会变好或变坏。（　）

3．通货膨胀并没有降低大多数工人的购买力。（　）

二、单选题

1．通货膨胀是（　）。
A．货币发行量过多而引起的一般物价水平普遍持续的上涨
B．货币发行量超过流通中的黄金量
C．货币发行量超过流通中商品的价值量
D．以上都不是

2．年通货膨胀率在10%以内的通货膨胀称为（　）。
A．温和的通货膨胀　B．奔腾的通货膨胀
C．超级的通货膨胀　D．恶性的通货膨胀

3．假如经济发生了严重的通货膨胀，受害者将是（　）。
A．债权人　B．债务人
C．雇主　D．领取固定工资者

4．失业率是（　）。
A．失业人数除以总人　B．失业人数除以就业人数
C．失业人数除以劳动力总量　D．失业人数除以民用劳动力总量

5．由于经济萧条而形成的失业属于（　）。
A．摩擦性失业　B．结构性失业
C．周期性失业　D．永久性失业

6．一般来说，大学生毕业后未能立即找到工作，属于（　）。
A．摩擦性失业　B．结构性失业
C．自愿性失业　D．周期性失业

7．某人由于不愿接受现行的工资水平而造成的失业，称为（　）。
A．摩擦性失业　B．结构性失业
C．自愿性失业　D．非自愿失业

8．当经济中只存在（　）时，该经济被认为实现了充分就业。
A．摩擦性失业和季节性失业　B．摩擦性失业和结构性失业
C．结构性失业和季节性失业　D．需求不足型失业。

9．在充分就业的情况下，下列因素中（　）最可能导致通货膨胀。
A．进口增加　B．工资不变但劳动生产率提高
C．出口减少　D．政府支出不变但税收减少

三、简答题

1．简述通货膨胀的成因。

2．简述成本推动型通货膨胀及其类型。

3．在各种失业种类中，哪些失业是可以消除的？哪些是无法消除的？

四、计算题

1．假定一国 2000 年的价格水平为 100，2001 年为 110，2002 年为 115。求：

（1）2001 年和 2002 年通货膨胀率各为多少？

（2）若以前两年通货膨胀率的平均值作为第三年通货膨胀的预期值，计算 2003 年的预期通货膨胀率？

2．已知某国 2008 年与 2009 年的名义 GDP 分别为 9269 亿美元和 9873 亿美元，以 2000 为基年的 2008 年与 2009 年的 GDP 缩减指数分别为 134 和 138。试计算：

（1）若按 2000 年的价格衡量，2008 年与 2009 年的实际 GDP 各是多少？

（2）2008 年到 2009 年间名义 GDP 与实际 GDP 各的增长率各是多少？

（3）2009 年名义 GDP 增长率是高于还是低于实际 GDP 增长率并解释之。

学习任务11　宏观经济政策

宏观经济学的任务是要说明国家为什么干预经济，以及应该如何干预经济，即要为国家干预经济提供理论依据与政策指导。因此，经济政策问题在宏观经济学中占有十分重要的地位。正如美国著名经济学家、诺贝尔经济学奖获得者詹姆士·托宾所说："宏观经济学的重要任务之一就是表明如何能够运用中央政府的财政工具和货币工具来稳定经济。"在明确政府的宏观经济目标的前提下，这里将介绍财政政策和货币政策的主要内容，以及这两大经济政策在稳定经济方面的具体政策措施。

11.1　政府的宏观经济目标

政府的宏观经济目标是指宏观经济政策最终所要达到的目的。宏观经济政策是指国家或政府为了增进整个社会经济福利、改进国民经济的运行状况、达到一定的政策目标而有意识和有计划地运用一定的政策工具而制定的解决经济问题的指导原则和措施。宏观经济政策目标主要包括充分就业、物价稳定、经济增长和国际收支平衡四大目标。除此之外，还包括资源最优配置、收入均等化、环境保护等。

所谓充分就业是指当失业率等于自然失业率时的就业状态。由于较高的失业率不但会造成社会经济资源的极大浪费，而且还很容易导致社会和政治危机，因此，各国政府一般都将充分就业作为优先考虑的政策目标。

物价稳定通常是指一般物价水平在短期内不发生显著的波动，以维持本国币值的稳定。物价稳定并不是指每种商品的价格都固定不变，也不是指物价总水平的固定不变。由于价格水平一般都用价格指数来表示，如消费者物价指数、批发物价指数和国内生产总值折算指数等，因此，物价稳定也就是物价指数的相对稳定。鉴于通货膨胀对资源配置效率、财富分配及稳定预期等方面的负面影响，各国一般都把反通货膨胀、稳定物价作为一项基本的宏观经济政策。

经济增长是指一个国家或地区在一定时期内所生产的产品和服务总量的不断增加。由于各国发展阶段及发展条件的不同，在增长率的选择上往往存在差异。大多数发展中国家较发达国家更偏好于高的增长率。

国际收支平衡是指一国对其他国家的全部货币收入和货币支出持平、略有顺差或略有逆差。国际收支平衡又可分为静态平衡和动态平衡。其中静态平衡是指以一年周期内的国际收支数额为目标的平衡，只要年末的国际收支数额相等，就称之为平衡；动态平衡则是指一定时期（如 3 年或 5 年）的国际收支数额持平为目标的平衡。

为了实现一定的经济政策目标而制定的宏观经济政策大致可分为财政政策和货币政策。政府干预宏观经济，首先必须明确所需要达到的宏观经济目标，但是，由于宏观经济政策的四大目标之间既存在互补关系，也存在权衡取舍，因此，要协调这四大目标常常比较困难，有时还会发生矛盾。如充分就业有助于维护经济增长，而在充分就业与物价稳定之间却存在着权衡取舍，会面临两难抉择：为了实现充分就业，一般要实施扩张性的财政和货币政策，以便刺激总需求，扩大就业量，由此就会引起物价水平的上升；而为了抑制物价上升，就必须紧缩财政和货币，由此又会引起失业率的上升。由于在经济增长过程中，通货膨胀常难以避免，因此，经济增长与物价稳定之间也存在着相互排斥的关系。又如国内均衡与国际均衡之间也存在着权衡取舍，这里的国内均衡是指充分就业和物价稳定，而国际均衡是指国际收支平衡。为了实现国内均衡，就可能降低本国产品在国际市场上的竞争力，从而不利于国际收支平衡；为了实现国际收支平衡，又可能不利于实现充分就业和稳定物价的目标。

因此，政府在制定经济政策时，必须权衡轻重缓急和利弊得失，尽可能使各个目标达到最佳的匹配，并形成一个和谐、有机的整体。

11.2 财政政策

11.2.1 财政政策的内容

财政政策是政府为了达到预期的经济目标而对其收入和支出水平所作出的决策。财政政策可分为财政收入政策和财政支出政策。

财政收入主要来源于税收和公债。在政府的收入中，税收通常是最主要的部分。财政收入的增长，很大程度上源自于税收收入的增长。税收具有强制性、无偿性和固定性。根据课税对象的不同，税收包括财产税、所得税和流转税。财产税是指对纳税人的动产和不动产课征的税收；所得税是对个人和公司赚取的所得课征的税收，由于所得税在政府税收中往往占了较大的比重，因此，税率的变动对社会经济生活会产生巨大的影响；流转税则是对流通中的商品和劳务根据交易额课征的税收，增值税是其中主要的税种之一。根据收入中被扣除的比例，税收可分为累退税、比例税和累进税。累退税是指税率随征税客体总量增加而递减的一种税；比例税是指税率不随征税客体总量变动而变动的一种税，即按一个统一的税率比例从收入中征收，多适用于流转税和财产税；所得税一般都属于累进税，即税率随征税客体总量增加而增加的一种税收。因此，税率的高低以及变动的方向对经济活动中的个人收入和消费、企业投资、社会总需求等都会产生极大的影响。所以，税收作为一种财政政策工具，既可以通过改变税率也可以通过改变税收总量来实现宏观经济政策目标。

与税收不同，公债是国家（或政府）对公众的债务。遵循灵活、有偿、自愿的原则，公债可根据政府需要随时发行。从公债发行的主体看，有中央政府公债和地方各级政府公债，通常将中央政府发行的内债称为国债，它是指本国公民持有的政府债券。公债一般分为短期公债、中期公债、长期公债三种形式。短期公债一般指偿还期在 1 年或 1 年以内的公债，短期公债最常见的形式是国库券，主要是为了弥补当年财政赤字或解决临时资金周转不灵的问题，利息一般较低，主要进入短期资本市场（货币市场）；中期公债是指偿还期限在 1~5 年的公债，主要目的是为了弥补财政赤字或筹措经济建设资；长期公债则是指偿还期限在 5 年以上的公债，但一般按预先确定的利率逐年支付利息，主要是为了筹措经济建设资金。中长期公债由于风险大因而利率较高。当税收不足以弥补政府支出时，通过向公众发行债券，能够筹集财政资金，增加财政收入，从而影响财政收支。

政府支出包括政府购买和转移支付。政府购买是政府对商品和劳务的购买，包括购买军需品、警察装备用品、政府机关办公用品、付给政府雇员的酬金、各种公共工程项目的支出等都属于政府购买；转移支付是指政府对社会福利等支出，如卫生保健支出、收入保障支出、退伍军人福利、失业救济和各种补贴等方面的支出。

由于政府预算是按照一定的法律程序编制和执行的政府年度财政收支计划，是政府组织和规范财政分配活动的重要工具，反映着国家政策、政府活动的内容、范围和方向，因此，能够影响国家财政收支的政策工具或手段主要有税收、国债、预算、政府购买性支出和财政转移支付。

11.2.2 财政政策的类型及运用

根据财政政策在调节经济中的不同功能，可将财政政策分为扩张性财政政策、紧缩性财政政策以及中性财政政策。

扩张性财政政策也称为积极的财政政策，是指通过财政分配活动（如减税或增加政府支出）来增加和刺激社会总需求；紧缩性财政政策是指通过财政分配活动（如增税或减少政府支出）来减少和抑制总需求；中性财政政策是指财政的分配活动表现为财政收支数量上的基本一致，保持社会总供求的同步变动，以维持社会总供求既定的对比格局。

税收作为一种财政政策工具，既可以通过改变税率也可以通过变动税收总量来实现宏观经济政策目标。例如，可以通过一次性减税即变动税收总量来达到刺激社会总需求的目的，还可以通过改变税率使社会总需求得以变动，以此达到预定的目标。由于改变税率主要是所得税税率的变动，一般而言，当税率降低时，会引起税收的减少，个人和企业的消费和投资增加以致整个社会的总需求增加以及国民收入水平的提高；反之，税率的提高，会导致社会总需求的减少和国民收入水平的降低。因此，当经济社会有效需求不足时，一般可采用减税这种扩张性的财政政策抑制经济的衰退，而经济出现需求过旺通货膨胀时，可通过增加税收这种紧缩性的财政政策抑制通货膨胀。

政府发行公债，一方面能增加政府的财政收入，弥补财政赤字，筹措建设资金，影响财政收支，属于政府的财政政策；另一方面，又能对货币市场和资本市场在内的金融市场产生扩张和收缩的作用。通过公债的发行在金融市场上影响货币的供求，促使利率发生变动，进而影响消费和投资，调节社会总需求水平，对经济产生扩张和收缩的效应。

由于政府购买发生了商品或劳务的实际交换，直接形成了社会总需求和实际购买力，是国民收入的一个重要组成部分，因此是一种实质性的支出，它的大小是决定国民收入水平的主要因素之一，直接关系到社会总需求的规模。政府购买支出的变动对整个社会总支出水平起着举足轻重的调节作用。当社会总支出水平过低，人们的有效需求不足，存在严重的失业时，政府可以通过增加购买支出，例如兴办学校、增加教育投入、举办公共工程，以增加整个社会的总需求水平，减少失业。此时也可以通过增加政府的转移支付，提高社会福利水平，使公众手中的可支配收入增加，提高人们的消费水平，从而增加整个社会的有效需求，减少失业。反之，当社会总支出水平过高、社会存在超额需求、存在通货膨胀时，为降低社会的总体有效需求，抑制通货膨胀，政府既可以通过采取减少政府的购买性支出的政策，还可以通过减少政府的转移支付，使人们的可支配收入减少，以便降低社会的有效需求水平，制止通货膨胀。总之，通过政府转移支付的变动达到总供给与总需求的均衡，实现经济持续稳定地增长，使经济达到充分就业的均衡。

总之，在经济萧条时期，社会的有效需求不足，经济中失业增加，政府就要实行扩张性的财政政策，如增加政府支出或减税，以便刺激需求、抑制供给。在经济繁荣时期，总需求大于总供给，经济中存在通货膨胀，政府则要实行紧缩性的财政政策，如减少政府开支或增税，以刺激供给、抑制需求。

11.2.3 内在稳定器和财政政策的局限性

内在稳定器也称为自动稳定器，是指财政制度本身所具有的能够自动调节经济波动，维持经济稳定发展的作用。自动稳定器主要是指如政府税收等那些在经济繁荣时能自动抑制通货膨胀，在经济出现衰退时能自动减轻萧条，而不需要政府采取任何措施的对国民收入水平的变化自动起到缓冲作用的财政调节工具。

内在稳定器是通过以下几项制度发挥其作用的。

首先是政府税收。税收特别是个人所得税和公司所得税是重要的稳定器。在经济萧条时期，国民收入水平下降，个人收入减少，在税率不变的条件下，政府税收会自动减少，而人们的可支配收入也会因此自动地少减少一些，虽然萧条时期的消费和需求有一些下降，但会下降得少一些。例如，在累进税制情况下，由于经济萧条会引起收入的降低，使某些原来属于纳税对象的人下降到纳税水平以下，另外一些人也被降到较低的纳税等级。结果，个人缴纳的税因为国民收入水平的降低而减少了，政府税收下降的幅度会超过收入下降的幅度，从而起到抑制经济萧条的作用。反之，在通货膨胀时期，失业率较低，人们收入会自动增加，税收会因个人收入的增加而自动增加，使得个人可支配收入由于税收的增加少增加一些，从而使消费和总需求自动增加得少一些。例如，在实行累进税制情况下，经济的繁荣使人们收入增加，更多的人由于收入的上升自动地进入到较高的纳税等级，政府税收上升的幅度会超过收入上升的幅度，从而使得通货膨胀有所收敛。另外，公司所得税也具有同样的作用。

其次是政府转移支付。这里的政府转移支付主要包括政府的失业救济金和其他的社会福利支出。在经济出现衰退和萧条时期，由于失业人数增加，符合领取失业救济金的人数相应增加，政府转移支付会自动增加，使得人们的可支配收入会增加一些，这就可以抑制经济萧条使人们收入下降而使个人消费和总需求的下降，起到抑制经济萧条的作用。反之，当经济过热产生通货膨胀时，由于失业率降低，符合领取失业救济金和各种补贴的人数减少，政府的这笔支出会因此自动的减少，从而自动的抑制可支配收入的增加，使消费和总支出减少，内在稳定器在一定程度上可以起到降温和遏制通货膨胀的作用。

最后是农产品价格维持制度。经济萧条时期，国民收入水平下降导致价格水平会降低，农产品价格也将下降，政府为了抑制经济的衰退，依照农产品价格维持制度，按支持价格收购农产品，使农民收入和消费维持在一定水平上，不会因为国民收入水平的降低而减少太多，也起到刺激消费和总需求的作用。当经济繁荣时，由于国民收入水平提高使整体价格水平上升，农产品价格也因此上升，这时政府减少对农产品的收购并售出库存的农产品，平抑农产品价格，无形中抑制了农民收入的增加，从而降低了消费和总需求水平，起到抑制通货膨胀的作用。

总之，税收、政府转移支付的自动变动和农产品的价格维持制度在一定程度上对宏观经济运行起到了稳定的作用，成为财政制度的内在稳定器和防止经济大幅度波动的第一道防线。各种自动稳定器一直都在起减轻经济波动的作用，但效果有限。为了确保经济平稳发展，政府要审时度势主动采取一些财政措施，即变动支出水平或税收以稳定总需求水平，使之接近于物价稳定的充分就业水平。然而，财政政策对经济的调节作用也有其局限性，主要表现在以下几个方面：

（1）增加税收不仅是经济问题，也是敏感的社会问题甚至是政治问题，增税在实践中通常都会受到来自多方面的阻力。

（2）经济衰退时期，减税不一定能促使公众增加消费和投资。因为此时物价下跌，人们往往持币观望或者多储蓄，来推迟消费和投资。这种政府支出增加引起的私人部门消费减少和投资降低现象通常被称为财政政策的挤出效应。

（3）税率和税收的变动，通常要经过复杂的程序，从立法到法律通过并开始实行，需要很长的时间，政策的时滞可能会使政策错过实施的最佳时期。

11.3 货币政策

11.3.1 银行与货币供给

1. 中央银行与商业银行

金融机构包括中央银行和金融媒介机构。中央银行是一国最高金融当局，身处一国金融体系的核心地位，是具有银行特征的国家机关，代表国家发行货币、制定和执行货币金融政策，统筹管理全国金融活动。金融媒介机构中最主要的是商业银行，其他还有专业性银行和非银行金融机构，非银行金融机构如保险公司、养老基金等。商业银行是以获取利润为经营目标、以多种金融资产和金融负债为经营对象、具有综合性服务功能的金融企业。在各类金融机构中，商业银行业务范围最广，业务种类繁多，对社会经济生活的影响也最为深刻。

中央银行有三方面的职能：发行的银行、银行的银行和国家的银行。发行的银行表现为中央银行是国家唯一的现钞发行机构，独享发行国家货币的权利。中央银行作为银行的银行，一方面通过票据再贴现、抵押贷款等方式为商业银行提供贷款，另一方面为商业银行集中保管存款准备金，还为各商业银行集中办理全国的结算业务。中央银行作为国家的银行，国家可以向中央银行借款，即由中央银行用贴现国家的短期国库券的形式为政府提供短期资金，也可以帮助政府发行公债或以直接购买公债方式为政府提供长期资金，帮助政府弥补政府预算中出现的财政赤字。中央银行还代理国库，一方面将国库委托代收各种税款和公债价款等收入作为国库的活期存款，另一方面代理国库拨付各项经费，代办各种付款和转账。另外，中央银行还肩负着监督、管理国家的金融市场活动，代表国家处理与外国发生的金融业务关系，并根据经济形势采取适当的货币政策，与财政政策相配合，为宏观经济目标的实现服务等职责。

与一般的商业银行和其他金融机构相比，中央银行具有不以盈利为目的、不兼营一般银行业务、具有服务机构和管理机构的双重性质以及有执行金融监管、扶持金融发展的双重任务等特征。

2. 准备金与货币乘数

准备金是指商业银行为保证客户提取存款和资金清算需要而准备的在中央银行的存款。中央银行要求的存款准备金占其存款总额的比例就是法定准备金率。商业银行持有的超过法定存款准备金的部分称为超额准备金。在存款准备金制度下，商业银行不能将其吸收的存款全部用于发放贷款，必须保留一定的资金即存款准备金，以备客户提款的需要。

如果存款准备金率为 10%，意味着商业银行每吸收 1000 万元存款，就要向央行缴存 100 万元的存款准备金，用于发放贷款的资金为 900 万元；倘若将存款准备金率提高到 20%，那么商业银行的可贷资金就只有 800 万元了。因此，中央银行通过调整存款准备金率，可以影响商业银行的信贷扩张能力，从而间接地调控货币供给。

现假设银行的所有存款都是活期存款，法定准备金率为 10%，无超额准备金，银行除将存款的 10%作为法定准备金外，将其余的存款都贷出去。若一客户将 10000 元存入某银行，该银行留下 10%的法定准备金后，将余下的 9000 元贷出，则由于此时储户仍然有 1 万元的储蓄，而借贷者又拥有 9000 元的通货，货币供给（通货与活期存款之和）等于 19000 元，因此，银行创造了货币。若借贷者也将 9000 元存入银行，或借贷者用这笔钱购买某人的东西，这个人又把钱存入银行，银行留下 10%的法定准备金后，又将余下的 8100 元贷出。如果这个过程继续下去，货币每存入一次银行，银行就进行一次贷款，那么，更多的货币就被创造出来了。虽然该过程可以无限延续，但是它并不能创造出无限的货币量。初始 1 万元存款可以创造的最大货币量为 10 万元，计算公式可以表示为：

$$10000\times(1+0.9+0.9^2+\cdots)=10000\times[1/(1-0.9)]=100000\ (\text{元})$$

存款总额与原始存款的比值称为货币乘数或货币创造乘数。若将存款总额、原始存款与法定准备金率分别记为 D、R 和 r_d，则三者之间的关系可以表示为：

$$D=R\times(1/r_d)$$

上式表明，货币乘数是法定准备金率的倒数。对假设条件的进一步考量可获得与经济现实较为贴近的货币乘数。

11.3.2 货币政策工具及其运用

货币政策是一国的中央银行为实现其宏观经济目标而采取的各种控制和调节货币供应量的方针和措施的总称。由于货币政策通过货币供给量的变动调节利率进而影响消费与投资和整个宏观经济活动以达到一定的宏观经济目标，因此，货币政策与财政政策的不同之处主要在于前者是间接地发挥作用，而后者则是直接影响社会总需求的规模，中间不需要任何变量。一般性的货币政策工具主要有法定准备率、贴现率和公开市场业务。

1. 法定准备率

法定准备率是中央银行控制货币供给量的有力工具。法定准备率的变化会直接改变商业银行的过度储备，引起银行贷款数量的变化，遏制商业银行的贷款扩张企图，避免挤提的倒闭风险。

由于法定准备率变动与市场上货币供给量的变动成反比例关系，因此，中央银行可以针对经济的繁荣与衰退以及银根的松紧状况调整法定准备率。例如，在经济处于需求不足和经济衰退的情况下，如果中央银行认为需要增加货币供给量，就可以降低法定准备率，对所有存款机构的存款只要求保留较少的准备金，在货币创造乘数的作用下，整个货币市场上的货币供给量会多倍的增加。降低法定准备率，实际上是增加了银行的可贷款数量。当然，提高法定准备率，就等于减少了银行的可贷款数量。从理论上讲，变动法定准备率是中央银行调整货币供给量的一种最简单的手段。然而，中央银行一般不轻易使用法定准备率这一政策工具，原因在于银行与金融体系、信贷、存款量、准备金量之间存在着乘数放大的关系，而乘数的大小与法定准备率成反比，因此，即使法定准备率的一个很微小的变化，都会对金融市场和信贷状况产生强烈的影响。因此，法定准备率这一政策手段很少使用，一般几年才会改变一次，尤其是银行家们极不欢迎经常变动法定准备率。

2. 贴现率

贴现原指银行根据未到期票据的票面额，扣除一定的利息后把票面余额付给持票人的一种放款业务。再贴现则是商业银行持已办理过贴现的、具有清偿能力的商业票据作为担保，从中央银行取得贷款的一种借款方式。现在，把中央银行给商业银行的贷款叫贴现，中央银行向商业银行及其他金融机构提供贷款的利率就是贴现率。

贴现政策的作用，主要是掌握贷款条件的松紧程度和影响信贷的成本。当中央银行提高贴现率时，意味着商业银行向中央银行贷款的成本增加，将减少商业银行向中央银行贷款的需求，造成货币市场信贷规模收缩，在货币创造乘数的作用下，使货币供给量多倍地减少；当贴现率下降时，商业银行向中央银行贷款的成本就会降低，会增加商业银行向中央银行贷款的需求，出现市场信用扩张，在同样货币创造乘数的作用下，货币供给量会多倍增加。中央银行调整贴现率，不仅直接影响到商业银行的筹资成本，同时还间接地影响到商业银行对企业和个人发放贷款的数量，从而对企业和个人的投资与消费的经济活动产生影响。

贴现率对货币供给的影响机制大体可概括为：贴现率上升，商业银行向中央银行的贷款有所下降，货币供给量将减少；贴现率下降，商业银行向中央银行贷款有所上升，货币供给量将增加。贴现率的变动与货币供给量的变动成反比关系，同市场利率的变动成正比关系。

目前，贴现率的调整在货币政策中的作用与以前相比也大大地减弱。因为在现实经济活动中，商业银行和其他金融机构尽量避免在贴现窗口向中央银行借款，只是将其作为紧急求援的手段，不到万不得已不会轻易利用，以免被误认为财务状况不佳。每个中央银行的贴现窗口都会执行中央银行关于商业银行和金融机构可以借款的数量和次数的规定，不会随货币政策的变动而变动。

另外，贴现政策也不是中央银行的主动性政策，原因在于中央银行只能等待商业银行向其借款，而不能要求商业银行向其借款，所以，这一货币政策的效果有限。另外，当商业银行的准备金十分缺乏时，即使再贴现率很高，商业银行依然会从中央银行的贴现窗口借款，中央银行想通过较高的贴现率来抑制商业银行的借款就起不到太大的作用。因此，通过贴现率的变动控制银行准备金的效果是相当有限的。当今，贴现率政策往往作为一种补充手段与公开市场业务政策结合使用。

3. 公开市场业务

公开市场业务是指中央银行在金融市场上公开买卖有价证券，进而影响货币供应量和利率，实现预定的经济目标的政策行为。公开市场业务的目的是改变经济体系中货币与证券的相对供给量，从而改变利率，使公众以改变了的利率决定其持有资产的形式。中央银行买入政府债券，等于减少了市场上的债券数量，这会使债券价格上升，利率下降，公众才会愿意增加货币的持有量而减少政府债券的持有量，势必导致货币供给量增加。以美国为例，当经济形势的发展使中央银行认为有收缩银根的必要时，联邦储备系统下设的联邦公开市场委员会将在证券市场上出售政府债券，这一行动首先减少银行系统的基础货币（包括银行的存款准备金和公众持有的通货），同时通过银行系统的存款创造，导致货币供给量的多倍收缩；与此同时，由于政府出售债券，债券价格因供给量过大而下降，利率上升，企业投资降低，公众储蓄增加而消费降低，最终导致总需求降低，遏制经济的过热现象，降低通货膨胀率。反之，若经济出现萧条，失业问题严重，中央银行认为有放松银根的必要，就在公开市场中买进政府债券，增加基础货币，通过银行系统的存款创造，引起货币供给量的多倍扩张和利率的下降，使企业投资和公众消费增加，提高总需求水平，制止经济的衰退，减少失业。

由于中央银行既可以将公开市场业务作为一种防御性工具使用，例如在发生通货膨胀时，售出政府债券，使货币供给量减少，紧缩信用，抑制通货膨胀，也可以将公开市场业务作为一种进攻性工具使用，由中央银行主动决定买进或卖出政府债券的时间和数量，用以扩张或收缩信贷规模，通过货币供给量的调整来影响国民经济，达到预期的经济目标。因此，公开市场业务在西方国家被认为是最有效、最灵活的货币政策工具，也是最常使用的货币政策工具。

在西方国家，尤其是美国，一般认为公开市场业务是中央银行所能够掌握的最重要、最常使用的政策工具或手段。这是因为：第一，中央银行运用公开市场业务，在金融市场上是一种“主动出击”而不是“被动等待”，就这点而言，这项政策工具比贴现率政策具有优越性；第二，使用这项政策工具，中央银行可以随时决定买卖债券的种类和数量，可以随时进行精细的调查，以便于较好地控制业务效果，这比一刀切式地调整法定准备率要好得多；第三，公开市场业务是由专门机构和专业人员根据总的政策方针灵活进行的，无需层层审批的繁琐程序，有利于适应瞬息万变的市场需要。

货币政策除上述三种一般性的政策工具外，还有如道义劝告、指令性贷款指标以及中央银行针对个别部门、个别企业而采取的优惠利率等其他政策工具。道义劝告是指中央银行运用其在金融体系中的特殊地位和威望，通过对商业银行及其金融机构劝告，影响其贷款和投资的方向。虽然道义上的劝告没有可靠的法律地位，但由于商业银行和金融机构摄于中央银行的权力，一般会听从中央银行的指令，在政策和行动上与中央银行保持一致，从而使中央银行达到其控制信用的目的。

货币政策可以分为扩张性货币政策和紧缩性货币政策。扩张性货币政策常在经济萧条时实施，如通过在公开市场买进有价证券、降低贴现率或准备金率以及放松贴现条件等政策措施，提高货币供给量、降低利息率并刺激总需求增长。反之，紧缩性货币政策则常在经济繁荣时实施，包括在公开市场卖出有价证券、提高贴现率或准备金率以及严格贴现条件等政策措施。紧缩性货币政策可以减少货币供给量、提高利息率并抑制总需求的增长。

11.3.3 货币政策与财政政策的配合

货币政策和财政政策是国家调控宏观经济的两大政策，虽然两者均由国家制定，具有一致的调控目标，但是两者各有其局限性，并且在政策的实施者、作用机理以及政策时滞方面也都不尽相同。因此，要达到理想的调控效果，通常需要将财政政策和货币政策配合使用。如果不考虑中性的货币政策与财政政策，可将货币政策与财政政策的配合方式大致分为四类："双紧政策"、"双松政策"、"松货币、紧财政"政策以及"紧货币、松财政"政策。表 11-1 给出了不同的经济环境下应采取的货币政策和财政政策的搭配或组合方式。

表 11-1　不同经济环境下的货币政策和财政政策搭配

	双松政策	双紧政策	紧财政 松货币	紧货币 松财政
经济环境	社会需求严重不足，生产资源大量闲置，解决失业和刺激经济增长成为宏观调控首要目标	社会总需求极度膨胀，社会总供给严重不足，物价大幅攀升，抑制通胀成为首要目标	政府开支过大，物价基本稳定，经济结构合理，但企业投资并不旺盛，促使经济较快增长成为主要目标	通胀与经济停滞并存，产业结构和产品结构失衡，治理滞胀、刺激经济增长成为首要目标
具体政策	财政扩大支出降低税率；同时央行采取扩张性的货币政策，增加货币供应，降低市场利率，以抵消财政政策的"挤出效应"	财政削减政府支出，提高税率；央行紧缩货币政策，减少货币供应，调高利率	财政削减政府支出，提高税率	紧的货币政策同时实施减税和增加财政支出，利用财政杠杆调节产业结构和产品结构

学习自测 11

一、单选题

1．财政政策（　　）。

A．涉及政策支出和税收水平

B．包括创造工作岗位计划

C．包括最低工资安排，所有的工人至少可以得到一个公平的工资

D．包括失业保险计划

2．政府的财政收入政策通过（　　）因素能对国民收入产生影响。

A．政府转移支付　　B．政府购买

C．消费支出　　D．出口

3．扩张性财政政策对经济的影响是（　　）。

A．缓和了经济萧条但增加了政府债务

B．缓和了经济萧条也减轻了政府债务

C．加剧了通货膨胀但减轻了政府债务

D．缓和了通货膨胀但增加了政府债务

4．属于紧缩性财政政策工具的是（　　）。

A．增加政府支出

B．减少政府支出并提高税率

C．降低税率

5．商业银行之所以会有超额储备，是因为（　　）。

A．吸收的存款太多　　B．未找到那么多适合的贷款对象
C．向中央银行申请的贴现太多　　D．以上情况都有可能

6．下列措施中（　）不属于货币政策范畴。
A．调节法定准备金率　　B．调整贴现率
C．公开市场业务　　D．调整税率

7．中央银行最常用的货币政策工具为（　）。
A．法定存款准备金率　　B．公开市场业务
C．再贴现率　　D．道义劝告

8．中央银行通过提高贴现率使得货币供给量（　）。
A．增加和利率提高　　B．减少和利率提高
C．增加和利率降低　　D．减少和利率降低

9．当经济中存在失业时，应该采取的财政政策工具是（　）。
A．增加政府支出　　B．提高个人所得税
C．增加货币发行量　　D．以上说法均不正确

10．当经济处于轻度衰退，并且政府财政赤字较大时，应采用下列（　）政策搭配。
A．扩张性财政政策和扩张性货币政策
B．扩张性财政政策和紧缩性货币政策
C．紧缩性财政政策和扩张性货币政策
D．紧缩性财政政策和紧缩性货币政策

二、简答题

1．有哪些具体的财政政策？
2．什么是扩张性财政政策？
3．什么是自动稳定器？是否税率越高，税收作为自动稳定器的作用越大？
4．什么是货币乘数？货币乘数与法定准备金率有什么关系？
5．具体的货币政策工具有哪些？

参考答案

学习任务 1　经济学概述

一、判断题

1．规范　2．实证　3．规范　4．实证　5．实证
6．实证　7．错　8．错　9．错　10．错

二、单选题

1．D　2．C　3．D　4．D

三、简答题

答案略。

学习任务 2　供求与价格

一、单选题

1．C　2．B　3．D　4．D　5．C
6．C　7．A　8．D　9．C　10．C
11．B　12．A　13．D　14．B　15．C
16．C

二、简答题

答案略。

三、计算题

1．（1）均衡价格 P≈2.65 美元/蒲式耳，均衡数量 Q≈2493 百万蒲式耳。
（2）均衡数量 Q=2395 百万蒲式耳。
2．P=100 元/台，Q=180 万台
注：答案缺该产品的供给曲线和需求曲线

学习任务 3　弹性及其应用

一、单选题

1．B　2．D　3．D　4．B　5．B

6. C	7. B	8. C	9. B	10. A
11. C	12. D	13. A		

二、计算题

1. 均衡点的需求价格弹性为0.3，供给价格弹性为0.22。
2.（1）0.65，（2）0.53。

学习任务4　效用及消费者行为

一、判断题

1. 错	2. 错	3. 错	4. 对	5. 错
6. 错	7. 错	8. 错	9. 对	

二、单选题

1. C	2. C	3. A	4. A	5. D
6. B	7. B	8. D	9. B	10. A
11. A	12. B	13. B	14. A	15. C

三、简答题

答案略。

四、计算题

1. （1）1000元。
   （2）商品B的价格为25元。
   （3）预算方程为$50Q_A+25Q_B=1000$。
   （4）边际替代率0.5。
2. 5单位X商品和1单位Y商品。

学习任务5　生产与成本

一、判断题

1. 对	2. 对	3. 错	4. 错	5. 错
6. 对	7. 对	8. 错	9. 对	10. 对

二、单选题

1. D	2. D	3. A	4. A	5. C
6. D	7. D	8. C	9. A	10. A

11. C　　12. D　　13. A

三、计算题

1. （1）$MC=3Q^2-12Q+10$（千元），$TVC=Q^3-6Q^2+10Q$（千元），$AC=Q^2-6Q+10+30/Q$（千元/箱），$AVC=Q^2-6Q+10$（千元/箱）

（2）Q=2（箱）

2. （1）Q=2000（件），P=60（元/件）

（2）74000（元）

学习任务6　市场类型与企业决策

一、判断题

1. 错	2. 错	3. 错	4. 错	5. 对
6. 对	7. 对	8. 错	9. 错	10. 对
11. 错	12. 错	13. 对	14. 错	15. 错

二、单选题

1. D	2. C	3. C	4. A	5. D
6. A	7. B	8. C	9. B	10. A
11. D	12. D	13. A	14. B	15. B
16. C	17. C			

三、计算题

1.

（1）利润最大化时的产量Q=6，利润总额为176元。

（2）最小的亏损为8。

（3）只要价格P<21元，企业就会停产。

2.

（1）市场供给函数为Q=500P-500（P≥1）。

（2）市场的均衡价格P=5，均衡产量Q=2000。

3.

（1）利润最大化时的产量为10，价格为60，利润总额为350。

（2）利润减少了400，产量增加了10，价格下降了40。

4.

（1）均衡价格为29，均衡产量为24，最大利润为576。

（2）产出水平为38。

（3）完全竞争条件下消费者剩余为1152，垄断条件下为576。

学习任务7　市场效率与经济平等

一、单选题

1. B　2. D　3. C　4. D　5. C
6. C　7. A　8. D

二、简答题

答案略。

学习任务8　市场失灵与政府干预

一、判断题

1. 错　2. 错　3. 对　4. 错　5. 错

二、单选题

1. C　2. B　3. C　4. C　5. D
6. C　7. D　8. B　9. A　10. B
11. C　12. C　13. C　14. A

三、简答题

答案略。

学习任务9　国民收入与经济增长

一、单选题

1. D　2. B　3. D　4. B　5. B

二、简答题

答案略。

三、计算题

（1）2001 年的名义 GDP 和实际 GDP 均为$200，2002 年的名义 GDP 和实际 GDP 分别为$600 和$400。

（2）2002 年的名义 GDP 提高了 200%，实际 GDP 提高了 100%。

学习任务 10　通货膨胀与失业

一、判断题

1. 错　　2. 错　　3. 对

二、单选题

1. A　　2. A　　3. A　　4. C　　5. C
6. A　　7. C　　8. B　　9. D

三、简答题

答案略。

四、计算题

1.

（1）2001 年和 2002 年通货膨胀率各为 10%和 4.5%。

（2）7.3%。

2.

（1）2008 年的实际 GDP 是$9269/(134/100) = $6917，2009 年实际 GDP 是$9873/(138/100) = $7154。

（2）名义 GDP 的增长率是($9873−$9269)/$9269×100%=6.52%。实际 GDP 的增长率是($7154−$6917)/$ 6917×100%=3.43%。

（3）2009 年名义 GDP 的增长率高于实际 GDP 的增长率。因为通货膨胀，所以名义 GDP 的增长率高于实际 GDP 的增长率。

学习任务 11　宏观经济政策

一、单选题

1. A　　2. C　　3. A　　4. B　　5. B
6. D　　7. A　　8. B　　9. A　　10. C

二、简答题

答案略。

参考文献

[1] 张光春，赵坚．经济学基础．重庆：重庆大学出版社，2010．

[2] 黄泽民．经济学基础．北京：清华大学出版社，2010．

[3] 陈玉清．经济学基础．北京：中国人民大学出版社，2010．

[4] 张劲松等．经济学基础．北京：科学出版社，2005．

[5] 秦云秀，李慧芬．西方经济学基础．北京：科学出版社，2010．

[6] 范家骧，王志伟．微观经济学．大连：东北财经大学出版社，2003．

[7] 范家骧，王志伟．宏观经济学．大连：东北财经大学出版社，2003．

[8] 平新乔．微观经济学：十八讲．北京：北京大学出版社，2002．

[9] （美）格里高利·曼昆．经济学原理（微观部分）．第5版．梁小民等译．北京：北京大学出版社，2009．

[10] （美）格里高利·曼昆．经济学原理（宏观部分）．第5版．梁小民等译．北京：北京大学出版社，2009．

[11] （美）格里高利·曼昆．经济学原理（上、下册）．第1版．梁小民等译．北京：北京大学出版社，1999．

[12] （美）萨缪尔森，诺德豪斯．经济学（上、下册）．第18版．萧琛等译．北京：人民邮电出版社，2008．

[13] （美）萨缪尔森，诺德豪斯．经济学（上、下册）．第16版．萧琛等译．北京：人民邮电出版社，1999．

[14] （英）迈克尔·帕金．微观经济学．张军等译．北京：人民邮电出版社，2010．

[15] （英）迈克尔·帕金．宏观经济学．张军等译．北京：人民邮电出版社，2010．

[16] （美）约瑟夫·E·斯蒂格利茨．经济学（上、下册）．第4版．黄险峰等译．北京：中国人民大学出版社，2010．

[17] （美）罗伯特·H·弗兰克．微观经济学原理．第4版．李明志等译．北京：清华大学出版社，2010．

[18] 高鸿业．西方经济学（微观部分）．第4版．北京：中国人民大学出版社，2007．

[19] 高鸿业．西方经济学（宏观部分）．第5版．北京：中国人民大学出版社，2011．

[20] （美）哈尔·R·范里安．微观经济学：现代观点．第6版．费方域等译．上海：上海人民出版社，2006．

[21] （美）罗伯特·S·平狄克．微观经济学（第7版）．高远等译．北京：中国人民大学出版社，2009．

[22] 吴德庆，马月才等．管理经济学（第五版）．北京：中国人民大学出版社，2010．

[23] 吴德庆，马月才等．管理经济学（第五版）习题解答与题库．北京：中国人民大学出版社，2010．

[24] 黄宪，江春等．货币金融学．武汉：武汉大学出版社，2008．

[25] 徐英富．货币银行学．北京：机械工业出版社，2007．